普 天 之 下 ・ 盡 是 好 書

普天出版家族
Popular Press Family

瞬間讀懂人心的
超強讀心術

心理學家愛德華·赫斯博士曾說：
想要看透一個人，不要只會用耳朵去聽他說些什麼，
而是必須用眼睛去看他做些什麼。

你不能不知道的

行為心理學

BEHAVIORAL PSYCHOLOGY

陶然——著

這是因為，一個人的真正心思，往往會在做了言不由衷的事情之後暴露出來。
想要瞬間看透一個人，就不能光看他表現出來的那面，也不能光聽他說出來的話，而要從細微之處看穿他極力掩飾的另一面，以及藏在心中沒說出來的真正心思。

●出版序●

瞬間讀懂人心的超強讀心術

陶　然

想要瞬間讀懂人心，其實並不困難。即便是初次相見的陌生人，你都可以憑第一印象抓出對方的目的與可能隱藏的個性、心思。

一個人不管如何遮掩，內心深處最眞實的一面，一定會透過表情、情緒反應、肢體動作和特殊偏好顯現出來，想在這個爾虞我詐的社會行走，就必須具備讀人讀心的重要本領。透過細膩的觀察，我們就可以迅速研判出對方心裡正在想什麼，是不是口是心非或言不由衷；提高自己的觀察與判斷能力，在人際關係中就可以無往不利。

心理學家愛德華．赫斯博士曾說：「想要看透一個人，不要只會用耳朵去

聽他說些什麼，而是必須用眼睛去看他做些什麼。」

這是因爲，一個人的眞正心思，往往會在做了言不由衷的事情之後暴露出來。想要瞬間看透一個人，就不能光看他表現出來的那面，也不能光聽他說出來的話，而要從細微之處看穿他極力掩飾的另一面，以及藏在心中沒說出來的眞正心思。

想要把人看透的秘訣並不困難，重點就在於你是否懂得口是心非的人性。想要知道對方是什麼樣的人，想瞬間讀懂對方的心思，就千萬不能只用耳朵判斷，必須用眼睛仔細觀察他的一舉一動。

人與人之間，免不了必須進行溝通、互動。

從家庭、學校、職場，甚且社會，一個人的「成長」，說穿了就是透過不斷與他人相處從而逐漸改變、成熟的過程。

不妨想想，一天二十四小時之內，可能會碰上哪些人呢？想來數目應該不少！其中必定有已經相互熟識的，但也有可能是完全陌生卻不得不打交道的。無論面對哪一種，你有把握地與他們進行良好的互動，順利完成自己的期望與目的，而不使自身權益受損嗎？

回想一下過去的經歷，恐怕絕大多數人的答案都偏向於否定。

這正是這本書的撰寫主旨。

想要瞬間讀懂人心，其實並不困難。即便是初次相見的陌生人，你都可以憑第一印象抓出對方當下的目的與可能隱藏的個性、心思，且屢試不爽。不用懷疑，事實上，這就是「讀心術」的巧妙之處。

阿諾德曾說：「透識一個人的最快速方法，就是將他全身剝光，讓他赤裸裸地站在眾人面前，然後再看他做出什麼反應。」

因為，如果這個被「剝光」的人，是一個行事光明磊落的君子，沒有什麼不可告人之事，那麼他就不會在眾人面前驚慌失措，如果這個被「剝光」的人，是一個專門幹無恥勾當的小人，那麼當他赤裸裸地站在眾人面前，就會手足失措，深怕自己的馬腳會不小心曝露出來。

唯有冷靜觀察對方的肢體語言，對細微變化旁敲側擊，我們才能真正掌握一個人的眞實內在。

人是最擅長僞裝的動物，現實生活中道貌岸然的小人很多，如果你不想老是受他們宰割，那麼就得放聰明一點，才不會老是受騙上當。

我們遭遇的人，可能比我們想像中正直，也可能比想像中陰險，交往之前必須先摸清對方的人格特質與心理需求。從一個人所傳達的肢體語言，我們可以迅速研判出對方是友好的或是狡詐、充滿敵意的；具有這種觀察能力，在人際關係中就可以無往不利。

人人都有個性，影響著他們的思想、喜好，進而決定他們表現在外的所有行爲，只要不刻意掩飾——其實，就算用盡心機，還是會有小小的「馬腳」露出來，瞞不過眞正懂得讀心的聰明人。

學會從小地方看人性，你必定可以得到很大的實質收穫，無論面對上司、同事、下屬、客戶、朋友、家人，都將立於不敗之地。爲什麼呢？原因很簡單，因爲你已經完全把他們的心思掌握在手裡。

表情，就像一齣精采的戲

面孔反映出了人們的心理狀態，而且隨著年齡的增長，反映將越來越清楚。臉就像一台展示感情、慾望、希望等一切內心活動的顯示器。

PART 2

快速辨識一個人的氣質

氣質既是內在的涵養，又是外在的表現。人可以藉知識修養來彌補氣質上的不足，遮掩缺點，並將優點發揚光大。

PART 3

發現說謊者的假動作

辨認對方的假動作是一項非常重要的技巧，掌握這個技巧，可有效地幫助你識破他人的謊言。

PART 4

語音，是人的第二種表情

在說話過程中，人的內心感受會直接影響聲音，而另一方面，節奏也是內心活動的一種表現。

PART 5

透過顏色洞察性格

顏色就像密碼，用一種不同於語言的方式，幫性格和想法說話，傳遞訊息。透過一個人對顏色的喜愛，可以觀察出他的性格和心理。

PART 6

注意對方的日常習慣動作

談話時喜歡和他人目光接觸的人，無疑是主動向對方展示自己的內心。

PART 1

表情，就像一齣精采的戲

面孔反映出了人們的心理狀態，
而且隨著年齡的增長，反映將越來越清楚。
臉就像一台展示感情、慾望、
希望等一切內心活動的顯示器。

表情，就像一齣精采的戲

面孔反映出了人們的心理狀態，而且隨著年齡的增長，反映將越來越清楚。臉就像一台展示感情、慾望、希望等一切內心活動的顯示器。

表情是一個人心理活動最直接的反映。單單從臉型、相貌推斷一個人的性格與心思，往往有失偏頗，但如果輔以面部表情進行推測並判斷，大致上有相當的準確性。

表情是內心活動的寫照，透過表象可以窺探心靈的律動、把握情緒變化的尺度、瞭解感情互動的根源，表情就是這些資訊的最外在體現。

美國心理學家拜亞曾經這樣一項實驗，他讓一些人表現憤怒、恐怖、誘惑、

無動於衷、幸福、悲傷等六種表情，再將錄製後的影帶放映給不特定人士看，請他們猜猜何種表情代表何種感情。結果是，看到錄影帶的這些人面對這六種表情，猜對的平均不到兩種。

由此可見，表情傳遞的情緒有可能被誤解，表演者即使有意擺出憤怒的表情，也會讓觀衆以爲是悲傷的模樣。

從這個事例可以得知，雖然表情對於推測一個人的性格有很大程度上的可取性，相對於語言，更能傳遞一個人的內心動向，但要在瞬間讀懂人心，看似簡單，實則不易。

人類在長期的群體生活中，學會了掩飾內心眞實情感的手段，這種手法在現代商業活動中屢見不鮮。

回想一下，你或許曾有過類似經歷：洽談業務的雙方，一方明明很高興地傾聽對方的陳述，而且不時點頭示意，似乎很想完成交易，陳述的一方也因此對這筆生意充滿信心，萬萬沒想到對方最後卻表示：「我明白了，謝謝你，讓我考慮一下再說吧！」

這樣的結果，無疑於向陳述方當頭澆下一盆冷水，也說明，沒有經過相當程度對人們內心活動進行的研究，不太容易探出人的眞面目。

俗語說「眼睛比嘴巴更會說話」，單憑眼睛的動態就大致可推測一個人的心理。但是，想要抓住一個人性格的主要特徵，如此還不夠，必須以眼睛爲中心，仔細觀察全面的表情才行。

在所有生物中，人的臉部表情是最豐富、也是最複雜的，想要瞬間讀懂人心，就必須掌握透過表情判斷人的性格的訣竅。

每個人都有一副獨特而不容混淆的臉相，即使雙胞胎也有自己的特徵，因此人們相見時，給人印象最深的就是臉。

臉孔大致能反應出一個人的年齡、性別、心思，而且透過表情，也可以流露出當時情緒變化狀況。

當我們與他人交往時，無論是否面對面，都會下意識地表達各自的情緒，

與此同時也注視著對方做出的各種表情。

正是這種過程，使我們的社會交往變得複雜而又細膩深刻。

在高明的觀察者看來，每個人的臉部表情，無疑等同一張反映自身生理和精神狀況的「海報」。

狄德羅在《繪畫論》一書中曾說：「一個人，他心靈的每一個活動都表現在他的臉上，刻畫得很清晰，很明顯。」

一九一二年諾貝爾獎獲得者、法國生理學家科瑞爾在他的著作《人，神秘莫測者》一書中也寫道：「我們會見到許多陌生的面孔，這些面孔反映出了人們的心理狀態，而且隨著年齡的增長，反映將越來越清楚。臉就像一台展示感情、慾望、希望等一切內心活動的顯示器。」

人的大腦分為兩半球，發自內心的感情通常由右腦控制，卻具體反映在左臉上；而左腦則專司理智性感情（即經過克制和偽裝的感情），然後反映在右臉上。因此左臉的表情多半是眞的，右臉的表情有可能是假的。

若想知道對方的眞實感情，必須強迫自己去觀察對方的左臉。

有些「表情語言」是比較容易讀懂的，例如蹙眉皺額表示關懷、專注、不滿、憤怒或受到挫折等情緒；雙眉上揚、雙目張大，可能是表現驚奇、驚訝的神情；皺鼻，一般表示不高興、遇到麻煩、心有不滿等等。

愉快的表情在日常生活中很容易捕捉到，它的特點是嘴角拉向後方，面頰往上展，眉毛平舒，眼睛變小。

不愉快的表情特點則是嘴角向下垂，面頰往下拉，變得細長，另外眉毛深鎖，皺成「倒八」字。

我們再進一步把它具體化一些：

眉——有心理學家研究，眉毛可以有二十多種動態，分別表示不同感情。成語中常用詞語有：「柳眉倒豎」（發怒），「橫眉冷對」（輕蔑、敵意），「擠眉弄眼」（戲謔），「低眉順眼」（順從）。

一個人眉間的肌肉皺紋可清楚地體現出心理狀況，焦慮和憂鬱時眉頭緊鎖，一旦眉間放開、舒展，則是心情變得輕鬆明朗的標誌。

鼻——鼻子的表情動作較少，而含義也較爲明確。厭惡時聳起鼻子，輕蔑時嗤之以鼻，憤怒時鼻孔張大，緊張時鼻腔收縮，屏息斂氣，凡此種種都是典型反應。

從表情的微小改變，往往能夠一眼洞察別人的內心。從面部表情上，讀透內心所蘊藏的玄機，是識人高手厚積一世而薄發一時的秘技，只要能掌握表情的奧妙，你也可以瞬間讀懂人心。

不同臉譜象徵了不同的個性

你是哪一種類型的人呢?再看看自己周遭的親友又分別具備何種特徵，知己知彼，才能在人際互動中無往不利。

臉是一個人最重要的外在特徵，是區別於其他個體的最主要識別。隨著歲月的流逝，我們每個人的臉上都會被打上諸多的烙印，逐漸改變。透過不同的特徵和臉型，可以窺出一個人的個性。

・圓臉

一個人的臉龐如果平滑輕鬆，沒有凸出的臉頰或顎骨，表示了爲人謙恭有禮，懂得均衡的道理。但有時候，這種人可能拖拖拉拉，不願意面對那些可能讓人傷腦筋的問題。

・方形臉

有一張運動員般的臉，堅強、高傲、有決斷力，屬於可以果斷決定，同時不必費多大心力就可以說服他人一起做事的人。

這種人是一位好老師、忠心的朋友，儘管不是世界上最聰明的人，但卻是推動事物進行的主要動力。

・橢圓形臉

橢圓形臉的女性通常是天生的美人胚子，不需要太多化妝品，便可以把臉孔修飾得完美無缺，令人羨慕。至於橢圓形臉的男人，通常擁有藝術家的敏感和沉著冷靜的個性。

無論是男性或女性，長著橢圓形臉的人大都擁有與生俱來的優雅氣質，最吸引人的地方，便是充滿光采、魅力且令人舒服的微笑。

・雙唇微開

這樣的人很誘人，富有挑逗性，而且充滿熱情，對各式各樣的羅曼史都來者不拒。有這種特徵的人，舉手投足都足以散發出誘人的魅力，有本事不說一句話，便把身邊所有人迷得神魂顛倒。

・緊閉雙唇

緊閉雙唇的人絕對能夠保密，對自己的言行舉止都十分謹慎，也因而經常顯得過度敏感。

嚴肅固執的個性使他比較喜歡和他人保持一定的距離，然而，在內心深處，卻存在著無法解除的焦慮，長年處在不安的狀態下。

・雙唇上揚

習慣雙唇上揚的人是永遠的樂觀主義者，能夠不屈不撓、面帶微笑地面對一切。在他心中存有某種信仰或神秘的力量，相信事情總會迎刃而解，世界上沒有不能克服的難題。

• 雙唇下彎

和前面所說的正好相反，習慣雙唇下彎的人是個十足的悲觀主義者，老是用挖苦、嘲諷的幽默感，來表示對人事物的憤慨和鄙視。

他可能相當成功，但幾乎沒享受過成功，或許他小時候曾受過很深很深的傷害，但歲月的流逝和種種歷練並沒將這些傷害撫平，反而更嚴重地扭曲了他對人、事、物的看法。

• 厚嘴唇

厚嘴唇的人不愛開玩笑，可能給他人不好接近的印象，也未必覺得性感。但體力相當好，對所有活動，都能夠全心投入。

・薄嘴唇

薄嘴唇的人不是很好的相處對象，與其說是由於嘴唇令那些對他有意思的人退避三舍，倒不如說是刻薄吝嗇的個性令人裹足不前。薄而不豐滿的嘴唇，透露出這種人吝於付出，卻樂於接受別人施捨。

・下顎凸出或強健

這樣的人行事積極，意志堅強，不輕易受挫。別人向他求教，多半是因爲他看起來像花崗石一樣堅硬。

他們值得信賴，爲人誠懇，不過有時候也很頑固。

・下顎後斜或短小

這樣的人過度忸怩害羞，很可能總是低著頭走路，眼睛盯著地而不是向前看，彷彿不斷向他人道歉，好像每一件事都令他歉疚萬分。膽小的個性使這種人想像自己正面對未曾眞正發生過的突然事件，結果生命便慢慢演化成一種無

止境的道歉狀態，外表顯得消極頹靡。

・圓下顎

圓下顎的人可能是一位畫家、一位詩人，也可能是一位作家。他的見解並非只限定在某個範圍內，而是彎曲多變，極富彈性。摩天大樓或郊區的購物商場令他倒胃口，他想追求的是綠油油的山水風景。如果離不開城市，他一定會幻想著在一棟商業大樓裡，造個寧靜的角落。

・方下顎

方下顎通常搭配高而有角的額骨，自信、負責的外表，使外表魅力十足。這種人看起來十分果斷，所以比一般人更能夠讓事情照自己的意思發展。這樣的人經常受到他人的推崇、尊敬和禮遇。

・沒有皺紋的額頭

皺紋代表生活痕跡。額頭沒有皺紋的人幾乎沒受過什麼嚴重的創傷，一直過著舒適生活。流逝的歲月似乎沒在他身上烙下痕跡，因此讓他展現出一股悠閒而年輕的優雅氣質。

• 有皺紋的額頭

額上深刻的皺紋，表示曾飽嘗人生的煎熬，曾經歷過痛苦和失落，而這一切清清楚楚地刻在額頭上。這樣的人是現實主義者，知道以不平等的方式來面對這個不平等的世界。

看看鏡子，你是哪一種類型的人呢？再看看自己周遭的親友，他們又分別具備何種特徵，象徵了什麼樣的性格呢？

知己知彼，才能在人際互動中無往不利。

眼睛裡藏著什麼秘密？

眼睛是心靈世界的直接反映，隱藏著內心的諸多秘密。從一個人的一雙眼睛裡，我們可以解讀出許多東西。

在這個小人充斥的世界裡，想知道對方是不是在搞鬼，內心是不是潛藏著見不得人的心思，首先必須學會觀察對方的眼神。

眼神就是眼睛的語言，也是人臉部的主要表情之一，與一個人的思想感情有著密不可分的關係。一個人的所思所想，很多時候都會經由眼神表現出來，所以，透過觀察一個人豐富而不停變化的眼睛語言，可以在某種程度上對他有個大致的瞭解和認識。

當一個人對另外一個人產生了好感，但沒有用語言表達出來的時候，多半會用帶有幸福、欣慰、欣賞等感情交織在一起的眼光不住地打量對方。

當一個人表示對另外一個人的拒絕時，會用一種不情願，甚至是憤怒的眼神，輕蔑地進行嘲諷。

當一個人看另外一個人時，用眼光從上到下或是從下到上不住地打量時，表示了對眼前這個人的輕蔑和審視。這種眼神流露出良好的自我優越感覺，顯得有些清高自傲，喜歡支配別人。

談話的時候，如果有一方眼光不斷地轉移到別處，這說明他對所談的話題並不是十分感興趣，甚至有些厭煩，另一方意識到這種情況以後，應該想辦法轉換話題，改善這種局面。

在談話中，一方的眼神由灰暗或是比較平常的狀態，突然變得明亮起來，表示所談的話題是切合他心意的，引起他極大的興趣，這是使談話順利進行的最好條件和保證。

在兩個人的談話中，如果一方說話時既不抬頭，也不看另外一個人，只顧說自己的，這很大程度上表示了對另外一個人的輕視。

當一個人用兩隻眼睛長時間地盯著另外一個人時，絕大多數情況都是期待著對方給予自己一個想要的答覆。當然，答覆的內容是因人而異的，可能是一項計劃的起草，可能是一份感情的承諾，不一而定。

當一個人用非常友好而且坦誠的眼神看另外一個人，間或地還會眨眨眼睛，說明他對這個人的印象比較好，很喜歡這個人，即使對方犯了一些小錯誤，也可以給予寬容和諒解。

相反的，當一個人用非常銳利的目光，以冷峻的表情審視一個人的時候，當然含有警告的意思。

眼睛可以說是心靈世界的直接反映，隱藏著內心的諸多秘密，從一個人的一雙眼睛裡，我們可以解讀出許多東西。另外，從眼睛的特徵，也可以大致推測一個人的性格。

・深眼睛

如果一個人眼睛四周有強而有力的眉毛和高高的額骨包圍，表示他是一個喜歡探究的人，彷佛周遭的一切都經常處在一面放大鏡之下。這樣的人擅長區分極細的細節，可以偵測出別人個性中的小缺陷。

相對的，就因爲這個原因，這種人十分挑剔，除非相當特別的人，否則很難進入他的生活中。

・兩眼相近

這是在某一方面能夠取得相當成就，但又因爲在另一方面未得到他人認同，而沮喪萬分的人。

這種人一直認爲自己總是在最好的時機上，做了錯誤的選擇，同時也認爲，造成這樣的結果，絕大部分是因爲別人給了自己不恰當的建議。在他心中，無

時無刻不懷疑每個人。

事實上，他的疑心病嚴重到連對待自己都小心翼翼的地步。

• 兩眼分得很開

這樣的人心胸開闊，凡事替別人著想，對人生看得很開。雖然朝著自己的目標前進，但並不因此而盲目，也不因此侷限了自己的視野。這種人樂於幫助他人，一點兒也不嫉妒別人。

• 大眼睛

這樣的人眼睛清澈明亮，反射出一副永遠好奇的模樣。喜歡嘗試任何事情，即使某件從前做過許多次的事，也彷彿從沒做過一般。睡覺是少數幾件令他憎恨的事，因爲他討厭閉上眼睛，即使只閉上一秒鐘，也老大不願意，因爲怕錯過有趣的事情。

・眼皮沉重

這樣的人就像小狗一樣可愛，想睡覺的眼睛也是這個模樣。因此，疲累成爲他離開人群最好的藉口，因爲沉重的眼皮，看起來就像只能上床睡覺。不需多說，這人說話輕聲細語，行事輕鬆自在，但個性保守退縮。

・魚尾紋

這種人眼角的波紋透露出一股幽默感，具有說故事的本領，經常使聽衆捧腹大笑。不過，這種本事並不是天生的。魚尾紋同時也表示，他曾經歷過人生百態，而說故事的本領，也因爲臉上表情的豐富多變而更顯智慧。

眼睛是靈魂之窗，我們應學習從中接收有價值的訊息，藉以判斷一個人的內心世界，彈性調整與不同對象相處的方式。

眉毛也會表達人的想法

眉毛會表達一個人內心的真實想法。眉毛閃動的動作，是全世界人類通用表示歡迎的信號，一種友善的行為。

眉毛的功用雖然只是保護眼睛，但事實上也傳遞人的某些性格特徵。一旦心情有變化，眉毛的形狀也會跟著改變。

解讀眉毛的「表情」，其中分別傳遞了不同訊息。

• 彎眉毛

這種人個性並不武斷，是個夢想家，喜歡沉浸在輕柔而超現實的優美色彩中。家裡到處都是活潑的抽象造型和極富原創力的設計，而且樂於在家中招待經常往來的藝術界朋友。

這樣的人可能有點善變，不過永遠熱情洋溢。

• 直眉毛、眉眼相距遠

這樣的人很大膽，而且能夠一眼看穿別人，灼熱的眼神很容易便能夠穿透甚至粉碎大多數人的保護網。他喜歡證明自己的權威，而且經常這麼做，時常不說一句話，而以冰冷、可以洞悉一切的眼神，凝視著自己的對手。這種人通常深思熟慮，邏輯性很強。

• 皺眉型

他對任何事都深思熟慮，是個足智多謀、深謀遠慮的人，總是靜悄悄地退在一旁，並從各種可能的角度去研究事情。在得到任何結論之前，會反覆考慮所有可能性。雖然深思熟慮的舉止使他看起來不積極，不過熟識的人都知道不要去打擾他的思緒，以免惹他生氣。

・揚眉

人們常用「揚眉吐氣」一詞來形容委屈得到伸張時的心情。當眉毛揚起時，會略向外分開，造成眉間皮膚的伸展，使短而垂直的皺紋拉平，同時整個前額的皮膚擠緊向上，造成水平方向的長條皺紋。

揚眉這個動作，能擴大視野，一個眉毛高挑的人，正是想逃離庸俗世事的人，但一般人卻會認爲這是自炫高深的傲慢表現。

當一個人雙眉上揚時，表示非常欣喜或極度驚訝；單眉上揚時，表示對別人所說的話或所做的事不理解、有疑問。

當人們面臨某種恐懼的事件時，可以用皺眉來保護眼睛，也可以用揚眉來擴大視野，兩者都對人有利，但只能選擇其一。一般的反應是：面臨威脅時，犧牲擴大視野的好處，皺眉以保護眼睛；危機減弱時，則會犧牲對眼睛的保護，揚眉以看清周圍的環境。

・皺眉

皺眉的情形，包括防護性和侵略性兩種。

防護性的皺眉意在保護眼睛免受外來的傷害，但是光皺眉還不行，還需將眼睛下面的面頰往上擠，雙眼睜開注意外界動靜。

這種上下擠壓的形式，是面臨外界攻擊、突遇強光照射、強烈情緒反應時的典型退避反應。

至於侵略性的皺眉，基本上仍是出於防禦，擔心自己侵略性的情緒會激起對方的反擊，與自衛有關。

眞正侵略性眼光應該是瞪眼直視、毫不皺眉的。最常見的皺眉，往往被理解爲厭煩、反感、不同意等情緒。

・聳眉

聳眉指眉毛先揚起，停留片刻，然後再下降，聳眉與眉毛閃動的區別就在片刻的停留。聳眉還經常伴隨著嘴角迅速而短暫地往下一撇，臉孔的其他部位

沒有任何動作。聳眉牽動的嘴形是憂傷的，有時表示不愉快的驚奇，有時表示無可奈何的樣子。

此外，有的人在熱烈地談話時，會做一些小動作來強調自己說的話，講到重要處時，也會不斷地聳眉。

・斜挑

斜挑是兩條眉毛中的一條向下降低，一條向上揚起；這種無聲的語言，較多在成年男子臉上看到。眉毛斜挑傳達的訊息介於揚眉與皺眉之間，半邊臉顯得激越，半邊臉顯得恐懼。揚起的那條眉毛就像提出了一個問號，反映了眉毛斜挑者抱持的懷疑心理。

・閃動

眉毛閃動，是指眉毛先上揚，然後在瞬間下降，像流星劃過天際，動作敏捷。眉毛閃動的動作，是全世界人類通用表示歡迎的信號，一種友善的行爲。

例如，當兩位久別重逢的老朋友相見的一剎那，往往會出現這種動作，而且常會伴隨著揚頭和微笑。但是在握手、親吻和擁抱等密切接觸的時候，眉毛閃動的動作很少出現。

眉毛會表達一個人內心的眞實想法。眉毛閃動除了作爲歡迎的信號外，如果出現在對話裡，則表示加強語氣。每當說話者要強調某一個詞語時，眉毛就會很自然地揚起並瞬即落下。

可別小看了眉毛的動作，其中傳遞了許多情緒，值得留意。

從嘴巴看出一點門道

嘴部的動作是很豐富的，種種豐富的嘴部動作，從某種程度上，可以反射出一個人的性格特徵和心理態度。

想在現實而又狡詐的人性叢林獲得成功，必須明確洞悉自己遭遇的對手是怎樣的人，透過肢體語言觀察對方是否睜眼說瞎話，並且用最正確的方法面對。這時候，如何從對方的嘴巴看出門道，就是一件值得研究的事。

對於人而言，嘴巴的重要性不言而喻。

透過它，人們可以把食物送到腸胃裡，維持生存的必需，也是透過它，進行與外界的溝通和交流。

透過嘴巴，能夠看出什麼門道呢？

嘴部的動作是很豐富的，種種豐富的嘴部動作，從某種程度上，可以反射出一個人的性格特徵和心理態度。

下嘴唇往前撇的時候，表明這個人對接收到的外界資訊，持不相信的懷疑態度，並且希望能夠得到肯定的回答。

嘴唇往前撅的時候，說明這個人的心理可能正處在某種防禦狀態。

與人交談的過程中，如果其中有人嘴唇的兩端稍稍有些向後，表示他正在集中注意力傾聽其他人的談話。

嘴角稍稍向上，看起來給人機靈或是活潑的感覺，實際上他們的性格大多也是比較外向的。

這樣的人，心胸比較寬闊，比較豁達，能夠與人融洽地相處，不固執己見。

與人交談時，用上牙齒咬住下嘴唇，或是用下牙齒咬住上嘴唇，或者雙唇緊閉，大多表示此人正用心地聽別人的講話，可能是在心裡仔細地分析對方所

說的話，也可能是在認眞地反省自己。

說話時用手掩住嘴巴，說明這個人的性格比較內向和保守，經常感到害羞，不會將自己的眞實面輕易地呈現在他人面前。這個動作的另外一個意思，還表示可能是自己做錯了某件事情，而進行自我掩飾；張嘴伸舌頭也有這方面的意思，並且表示後悔。

在關鍵時刻，將嘴抿成「一」字形的人，性格大多比較堅強，有股不達目的誓不甘休的頑強韌性。

這樣的人，一旦自己決定要做某一件事情，不管要付出多少艱辛，大多都會非常出色和圓滿地完成。

從小動作看出大學問，這就是嘴巴的「門道」。

縮下巴的人最陰狠

西方諺語說「縮下巴的人最為陰險」，那是因為憤怒時，會無所不用其極地在心裡盤算各種計謀。

我們經常會在一些陌生的場合遇到一些初次見面的人，此時可以透過身體形態，對對方做個大概的瞭解。

最直接的方式是觀察下巴，若想瞭解這個人好不好接觸，只要觀察一下他的下巴，就可做八九不離十的判斷了。

下巴的動作雖然極爲細膩，但卻能左右他人的印象。將下巴抬高或縮起，會產生不同的判別印象。

下巴縮起的人，做事多比較小心和謹慎，能夠很好地完成某一件事。但這種人多比較封閉和保守，而且疑心較重，一般情況下不會輕易地相信別人。

下巴高昂的人，給人的第一感覺往往是心高氣傲。這種感覺很多時候是正確的，因爲下巴高昂的人多具有強烈的優越感，且自尊心很強，常常會否定別人，對別人取得的成績持不屑一顧的態度。

當然不能單獨看下巴，最好是把下巴視爲下顎的主宰來觀察整個下顎。下顎就人類或動物而言，是擔任發聲或咀嚼的器官。從外形上看來，男性的下顎與顴骨多帶有些許稜角。

實際上，男女下顎形態差異具有相當的決定性，所以，男人不論如何改裝成女人，下顎線條也無法矇騙人們的眼睛。

而且，下顎也決定了聲音的性質。譬如電視、電影的幕後配音者，什麼人擔任什麼角色的配音工作，據說也取決於下顎的形態。

人類與生具備的下顎形態，也可以用來推測一個人的性格傾向，譬如「擁有意志堅強的下顎者」或是「尖細的下顎表示神經質」之類。

想知曉對方現在想些什麼、想要表達什麼，心裡是不是想搞鬼時，單憑下顎的外觀形狀是不夠的。唯有留意下顎的動作，才能解讀身體言語上的含義。

提及下顎的動作，我們最容易注意到的便是「突出」與「收縮」。

處於極度疲乏的狀態，一般人便會做出「伸長下顎」的動作。除了這種由於肉體上的要求而表現出來的姿態以外，「突出下顎」的動作，一般而言，不論男女，均屬具有攻擊性的行爲，可視爲一種表示「想撲上前去狠狠揍某人一頓」意圖的動作。

行爲心理學家迪斯蒙德．摩里斯曾經說明「某部位突出，表示帶有意圖侵略對方勢力範圍的性格」。下顎的突出也是一樣，是用來彰顯自我主張的方式。

下顎，突出的程度越大，自我主張的程度也就越高。譬如，我們經常見到「頤指氣使」之類的表現，採取此種動作，通常對方爲屬下、晚輩，或自己很明顯處於優勢地位，且很有把握自我主張必然可以完全推行時表現出來的身體語言。在發怒時，經常將下顎伸向前方，這也可以視爲想將憤怒情感投向對方的一種攻擊慾求表現。

另外，一般認爲下顎突出不明顯的男性，是欠缺自我主張之人，這種說法也是源自同一種論點。

由下顎的突出彰顯的自我主張，多半會利用不同形狀表現出來，最常見的即是「絡腮鬍」。

鬍子確實是使下顎更加突出，以表現自我主張的象徵。在我們身邊想必也有不少蓄留鬍鬚的人，但是一旦深入交往，通常會意外地發現他們多半屬於懦弱，缺乏個性的人。這種類型的人，心理狀態即是想將自己在語言、態度上不能表現自我主張的部分，透過蓄鬍鬚的行爲得到補償。

西方人憤怒時，往往做出將下巴前伸的動作，但東方人恰好相反，以縮下巴者居多。或許是由於國情不同所致，比起西方人的表露攻擊慾，東方人往往深藏不露，伺機反擊。

西方諺語說「縮下巴的人最爲陰險」，那是因爲憤怒時，便會無所不用其極地在心裡盤算各種計謀。

由於攻擊慾內藏的緣故，表現在身體語言的下顎動作，也就因而不採取突出形態。乍看之下，一副十足恭順的樣子，其實內心卻潛藏著極爲複雜的情緒。由此，也可以看出東方人特有的複雜且微妙的心情。

除了下顎本身的動作之外，我們也經常見到利用手接觸下顎的動作。撫弄下顎的行爲，因應各種狀況而有種種不同的意義。

從肢體語言學的觀點來看，這是屬於自我親密性的表現。也就是說，在出現喪失自信、不安、孤獨、話不投機的尷尬等場面時，藉著接觸自己的肉體，以掩飾心態，安慰自己。

由此可知，哪怕是微小的一舉一動，都足以洩露人內心潛藏的意識。

從鼻子讀出一個人的心思

想對人有一個全面的認知，就必須詳細觀察和注意人的鼻子動作、顏色和目光的動向等，再考慮其他的因素。

鼻子處於人的五官中心的位置，有沒有身體語言呢？學者們對此的看法不一，有人說有，有人說沒有。

認爲鼻子沒有身體語言的理由，在於鼻子本身是不能動作的器官，就像耳朵一樣，無法發出訊息，也就不可能有身體語言。至於用手摸鼻子和摸耳朵所發出的資訊，應歸納爲手的「語言」。

事實上，鼻子跟耳朵不同，對絕大多數人來說，耳朵確實不能動。就這點而言，人不如有些動物，例如狗遇到「風吹草動」，就會豎起耳朵，以動作說明有「情況」發生。人的耳朵是「死」的，只能跟著頭動，而自己不會獨立地動。但鼻子則不然，可以做出許多細微動作。

比如，我們都熟悉的「嗤之以鼻」這個詞，說明實際上鼻子是有動作的。在發出「嗤」的聲音時，鼻子是往上提的，只不過動作輕微，不容易察覺，但再怎麼輕微也是肢體動作的一種，傳達了「瞧不起某人」這種訊息。

前一陣子，有位研究身體語言的學者，為了弄清鼻子的「語言」問題，專門進行了一次觀察「鼻語」的旅行。他去車站觀察，在街頭觀察，到機場觀察，旅行了一個星期，也用心觀察了一個星期，從而得出一個結論——人的鼻子是會動的，確實是有身體語言的器官。

他說，根據觀察，在受到異味和香味刺激時，鼻孔有明顯的張縮動作。嚴重時，整個鼻體會微微地顫動，接下來往往就出現「打噴嚏」現象。他認為這些「動作」的目的，都在發射訊息。

此外，據他觀察，凡是高鼻樑的人，多少都有某種優越感，表現出「挺著鼻樑」的傲慢態度。

關於這一點，可以從許多演藝圈明星身上得到印證。這位學者說，在旅途中，與這類「挺著鼻樑」的人打交道，比跟低鼻樑的人打交道要難一些。

人的五官當中，鼻子和耳朵是最缺乏活動的部位，因此很難透過觀察鼻子的動作讀出對方的心理。人們對於鼻子高、低、朝上、朝下等形狀或種類所象徵的性格，有各種不同的說法，但畢竟是指固定不動的鼻子而言，無法掌握其他捉摸不定的動作。

也就是說，由鼻子的「長相」看人的個性，與心理動向毫無關係。我們不妨從「讀心」的角度，從注意鼻子的動靜，試著「看」出對方的內心。

・鼻子脹起來

在談話過程中，對方的鼻子若是稍微脹大，多半表示得意或對你有所不滿，或情感有所抑制。

通常人的鼻子脹大代表了憤怒或者恐懼，因爲在興奮或緊張的狀態中，呼吸和心律跳動會加速，產生鼻孔擴大的現象。因此，「呼吸很急促」一語所代表的，其實是一種得意狀態或興奮現象。

至於對方鼻子有擴大的變化，究竟是因爲得意而意氣昂揚，或者由抑制不滿及憤怒的情緒所致，就要從其他各種反應來判斷了。

•鼻頭冒汗

有時這只是對方個人的毛病，但平日沒有這種毛病的人，一旦鼻頭冒出汗珠，就是心理焦躁或緊張的表現。

如果對方是重要的交易對手時，鼻頭冒汗必然象徵了焦躁，無論如何一定要完成這個交易的情緒表現。因爲他唯恐交易一旦失敗，自己便失去機會，或招致極大的不利，於是心情焦急緊張，陷入自縛的狀態。因爲緊張，鼻頭才有發汗的現象。

而且，緊張時並非僅有鼻頭會冒汗，有時腋下等處也會有同樣反應。至於

沒有利害關係的他人，出現這種狀態時，要不是心有愧意，受良心譴責，就是因爲隱瞞了秘密而緊張。

‧鼻子的顏色

鼻子的顏色並不經常發生變化，但是如果整個泛白，就顯示對方的心情一定畏縮不前。如果是交易的對手，或彼此無利害關係的他人，這種現象並不要緊，多半是躊躇、猶豫的心情所致。例如，交易時不知是否應提出條件，或提出借款而猶豫不決時的狀態。

有時，這類情況也會出現在向女性告白卻慘遭拒絕的場合。由於自尊心受損、心中困惑、有點罪惡感、尷尬不安，才會使鼻子泛白。

上述的鼻子動作或表情極爲少見，平常人更不會去注意這些變化。但如想對人有全面的認知，就必須詳細觀察和注意人的鼻子動作、顏色和目光的動向等，再考慮到其他的因素，才能獲得正確的判斷。

PART 2

快速辨識一個人的氣質

氣質既是內在的涵養，又是外在的表現。
人可以藉知識修養來彌補氣質上的不足，
遮掩缺點，並將優點發揚光大。

快速辨識一個人的氣質

氣質既是內在的涵養，又是外在的表現。人可以藉知識修養來彌補氣質上的不足，遮掩缺點，並將優點發揚光大。

氣質是人的學識、修養和內心世界的綜合反映。一個人的氣質和他的行爲有著密切關係，常常決定了行爲模式。辨別一個人的氣質，可以更快速讀懂他的內心世界，推斷他的行爲模式。

透過神色變化還能體現出一個人的心態：憂懼害怕的神色大都是疲乏畏縮，熱燥上火的神色大都是迷亂污穢，喜悅歡欣的神色都是溫潤愉快，憤怒生氣的神色都是嚴厲而明顯，嫉妒迷惑的神色一般是冒昧且無常。

所以當一個人說話特別高興但神色和語言不符時，肯定是心中有事。如果口氣嚴厲但臉色可以信賴，肯定是這個人的語言表達不太流暢敏捷；如果尚未出言便已怒容滿面，必定是心中十分氣憤；將要說話且怒氣沖沖，則表現出控制不了的樣子。

所有上述現象，都是心理狀況的外在表現，根本不可能掩飾得了。

「色」是一個人情緒的表現，「色」愉者其情歡，「色」沮者其情悲。也有不動聲色之人，必須從其他角度來鑑別他們的情緒狀態。

從現今的觀點來看，人雖然不是生而知之的，但確實與先天氣質有關係。要瞭解各種氣質特徵，不妨對照下列內容，可以有一個大體的瞭解：

• 躁鬱型

能與性格古怪、思維方法不一樣的人輕鬆往來，樂意為他人服務，聽到悲哀的話，立即為之感動；做事衝動，常辦錯事，被他人稱為好好先生，遇事欠缺冷靜思考，往往立即採取行動。

這類型的人服從命令，上司吩咐做什麼都會照著做。對初次見面的人很容易親近，能輕鬆地與人談天，開玩笑，不古怪，不彆扭。

• 積極型

剛毅勇敢，不輸他人，在別人的眼裡，是可以有作為的人；不重利，認為得利必有失，堅持信念，善於自我解釋。

這種類型的人經常積極、活躍地活動，不受當下的心情好壞影響，動手能力強，自我傾向性強，不易接受他人意見；做事有恆心，失敗了不灰心，頑強奮鬥，堅持到底，不受外在因素影響。

• 分裂型

不善交際，獨自一個人也不寂寞，寧願多思考，也不輕易採取行動；總呆呆地好像在想什麼問題，對他人的喜怒哀樂並不介意，往往在人家都歡樂時，

爲自己的某一件事而憂慮。

這種類型的人有點神經質，對世俗的反應顯得比一般人遲鈍，給人的印象是冷淡，不易親近；雖然沒有惡意，但有時會挖苦人家，所以進入新環境中，不容易與他人親近。

這類人看待任何事物總是從廣泛的角度去深思理由，不喜歡在某一規定範圍內一成不變地行動。

・黏著型

做任何事從一開始就孜孜不倦，有耐心，但常被人指責不懂通融、合群；做事毫不馬虎，與人交往絕不矯情，正義感很強，處理事物時，原則性也很強，但方法不太漂亮，以致於常勃然大怒。

這種類型的人一件事未處理完之前，其他事一概不管。心情越好，動作就越慢，一方面積極，一方面卻又保守，喜好潔淨安寧。

・否定型

內心時常煩惱，但表情上不外露；自卑感強，做什麼事都猶豫不決，沒有決心堅持下去，不希望煩心的事，偏偏要留在腦子裡繼續想，即使對微不足道的小事，也表現出恐懼感。

這種類的人對自己做過的事，時常掛念在心裡，對做過的任何事都沒有滿意的時候，已經過去的不順利的事，永遠記在心裡，悶悶不樂；意志消沉，沒有耐心，應該說的，不敢說出來。

・折衷型

有時含著微笑講話，有時卻冷淡對人，時常無緣無故地不耐煩、大發雷霆；平時心情悲觀，但一有人安慰又顯得高興、愉快。

這種類型的人任性，說話表情誇張，相信道聽塗說，容易接受他人暗示；喜歡華麗，好擺闊氣，有時顯得幼稚，多嘴多舌，喜好炫耀自己。

除性格類型之外，血型也是影響氣質的一個重要因素。

我們知道，每個人都有自己的血型特徵、氣質特徵和性格特徵。血型特徵多半以遺傳爲主，絕大多數產生於先天，而性格特徵則因後天修養累積而成，可以改變，也可以影響氣質。

概括地說，氣質既是內在的涵養，又是外在的表現。人可以藉知識修養來彌補氣質上的不足，遮掩缺點，並將優點發揚光大。

從體型看穿對方的個性

體型和個性看似不相干，其中卻有比想像更緊密的影響和聯繫，學會由體型看個性，對人際相處很有幫助。

從言談舉止中，我們可以看出一個人大致的內心活動。此外，透過對體型的觀察，更可以看出一個人的某種特殊潛質。

體型特徵是一個人的輪廓，同時也是一個人的門戶，深入加以了解，便可洞察性向，知悉內心。

以體型劃分性格特徵的方法，大致有如下幾種：

‧肥胖的人比較開朗

肥胖型體型的特徵，便是胸部、腹部和臀部十分寬厚；因腹部附著脂肪，所以從整體看來，有很多贅肉。一般說來，中年是最容易肥胖的年齡段。

與這種體型的人接觸，往往可以感受到對方開放且濃郁的感情。

這種人日常十分活躍，一旦被人奉承，任何事情都願意代勞，雖然總在口頭上說「很忙、很忙」，事實上卻相當享受忙碌的樂趣。當然，他們偶爾也會忙裡偷閒，個性可以說相當有趣。

這類人一般會兼有開朗、積極、善良、單純的多重性格，且活潑、幽默；另一方面，又具有穩重與柔和、正反兩面性格，特別會表現在歡樂和苦悶的時候。凡此種種，正是躁鬱質特徵的外顯表現。

這類人適合從事政治、實驗工作或擔任臨床醫師，往往能出類拔萃，而且因天賦敏銳的理解，有解決問題的能力。

只是這種體型的人，對事情的思慮缺乏一貫性，言談間極易因輕率而失言，並且自恃高大，喜歡干涉他人。

如果你和這類人或這種上司交往的話，會發現他們是開放的社交人士，因此，在你們初次會面，即能一見如故，相談甚歡。

但必須當心的是，這類人喜歡照顧別人，時日一久，他們的關懷就容易演變成壓迫式的形態。

• 娃娃臉的人性格較自我中心

在你的周圍，可能經常會見到臉孔狀如小孩的人。這種特徵的人，通常自我觀念很強，雖然周圍經常洋溢熱鬧非凡的氣氛，但一旦話題的中心不再是自己，就感到不開心，對別人所說的話一點都不聽，非常任性。

這種特質的人，在各方面都有淺薄而廣泛的知識，能對小說、音樂、戲劇加以評論，講話時妙趣橫生，經常使人捧腹大笑。

一旦向這類人詢問有關他們自己的事情時，他們便會眉飛色舞地說個不停，並且在言談之間不斷標榜自己如何又如何，使人感到過於放縱驕傲，而多少產生不舒服的感覺。

從另一角度看，他們可謂是天眞、浪漫的人，不知道自己還有不夠成熟的

地方。被人奉承時還好，一旦受到冷淡、排擠，嫉妒心就會變得很強烈，形成近乎歇斯底里的狀態，對於這種情況要特別注意。

在你所知道的女性中，倘若正好有這種歇斯底里型的人，最好不要多講話，任她發表演講即可。

如果你交際的對象有這種類型的人，在雙方進行生意往來時，要特別注意。過分信賴這種人，容易讓自己受到傷害。

・瘦弱的人帶點神經質

一提到神經質型，一般人都會自然地想到愁眉苦臉、弱不禁風、自言自語之類的人。其實，神經質不僅只出現在這種型態的人身上，具有男子氣概、豪放磊落且胖嘟嘟的人可能也有同樣傾向。

這類人最大的特徵是將任何事情都歸咎到自己身上，帶有強迫性格，喜歡自尋煩惱，以至於內心想要訴說的苦衷難於表述，結果被人把責任強加到自己頭上，痛苦不已。因此，心情往往不安定，情緒容易失去平衡，且感到混亂，自己本身卻全無所覺。

但這是一種難能可貴的性格，具有豐富感受性和纖細直覺，是生活態度非常慎重的人，如果從事藝術性工作，大多可以取得過人成就。

• 略帶纖瘦但體態結實的人容易偏執

這類人雖略嫌纖瘦，但體態結實，自我意識特別強烈，而且很固執，對任何挑戰都不退縮。由於有強烈信念，充滿信心，所以不論遇到怎樣的困境，都會向成功的目標努力。

強烈的信心加上靈敏判斷，做事果斷，因而在商場上前途無量。可是，相對的，一旦往負面發展，就會變得強制、專制、高傲、猜忌、蠻橫，所有缺點表露無遺。在工作崗位上經常一言不發瞪著別人，若有一個念頭纏在腦子裡，想要更改便非常困難。

具有如此體型的人，在事業和做人方面，都缺乏應有的性格魅力。儘管是有能力且可能具有掌握相當權力潛質的人，但由於性格上的弱點，即使別人跟

隨且迎合，還是會和其他人保持心理上的一定距離。

此外，在家庭生活中也可能是個孤僻的人。

和這類人交往，絕不可形成對立。他們生來具有抗爭性和攻擊性，會一直偏執地把自己的觀點強加給別人，直到被認可為止。

•纖瘦苗條型的人比較謹慎

對纖瘦型者，一般都用「苗條」一詞來形容。這類型的人，雖然看似纖弱的樣子，實質上卻是難以應付的人。若為女性，則脾氣剛烈，一旦發怒，後果將不可收拾。

與這類人交往，應該瞭解他們神經纖細並且本性善良，是對生活採取審慎態度的人，但是由於先天性格上的猶豫不決和意志薄弱，容易導致氣餒心理，令人感到難以捉摸。

他們的特徵一般是冷淡、冷靜，性格複雜又無法適當地表明立場，因而內心有相互矛盾的分裂質，比如一方面對於幻想興致勃勃，一方面又不喜歡被人探出隱私，以冷酷的面罩覆蓋著自己。

對於這類人，有人會不喜歡而不願親近，有人則認爲好似不易接近的貴族，具有羅曼蒂克的氣質，深受吸引。

經常對無關緊要的事固執己見、不懂變通、倔強，並且表情呆板，在沒考慮之前就衝動決定，這是纖瘦型的人的缺點。因爲有纖細神經的關係，有很多優點，例如文學、美術、藝術等興致盎然，且對流行感覺相當敏銳。這類型的人在社交上，其實有非常優雅的手腕，這是他們令人羨慕的優點、長處。

體型和個性看似不相干，其中卻有比想像更緊密的影響和聯繫，學會由體型看個性，對人際相處很有幫助。

解讀坐姿密碼，不失為一種好方法

坐上椅子的方式，也因個性不同而產生各式各樣的坐法。這些行為，坦白地說出了各人的心理狀態。

每個人坐下時都會呈現出不同的姿勢，有的人喜歡翹著二郎腿，有的人喜歡雙腿併攏，而有的人喜歡兩腳交疊，可說各式各樣，千奇百怪都有。

那麼，這些不同的坐姿，又各自反映了何種不同的心理呢？

・自信型坐姿

通常將左腿交疊在右腿上，雙手交叉放在大腿兩側，這樣的人有較強的自信心，非常堅信自己對某件事情的看法，與別人發生爭論時，可能根本不在意對方的觀點內容。

他們的天資很好，總是能想盡一切辦法並盡最大努力去實現自己的理想。雖然擁有「勝不驕，敗不餒」的優良品性，但當他們完全沉醉在幸福或成功之時，也難免得意忘形。

這種人很有才氣，而且協調能力很強。在生活圈子裡，總是充當著領頭的角色，而周圍的人對此也都心甘情願。

不過，這種人有一個不好的習性，就是容易見異思遷，常常「這山看著那山高」，最後兩頭落空。

• 溫順型坐姿

坐時喜歡將兩腿和腳跟緊緊地併攏，兩手放於膝蓋上，端端正正。這種人一般性格內向，爲人謙遜，對於自己的情感世界很封閉，哪怕與特別傾慕的人在一起，也不會說出「火辣」的語言，更不會做出親熱的舉動。對生來感情奔放的人來說，實在是難以想像和忍受。

這種坐姿的人慣於替別人著想，他們的很多朋友對此總是感動不已，正因爲如此，雖然性格內向，但朋友卻不少，因爲大家敬重他們的爲人。

在工作上，雖然行動不多，但卻踏實認眞，能夠埋頭爲實現自己的夢想而努力。猶如坐姿一樣，他們十分珍惜自己用辛勤勞動換來的成果，堅信的原則是「一分耕耘，一分收穫」。也因此，他們極端厭惡那種只知道空談的人，深信不努力就不會成功。

• 古板型的坐姿

坐時兩腿及兩腳跟併攏靠在一起，雙手交叉放於大腿兩側的人，個性頑固僵化，極不願接受他人的意見，就算明知別人說的是對的，仍然不肯低下自己的頭承認錯誤。

他們明顯地缺乏耐心，哪怕面對只有短短十分鐘的碰面，也時常顯得極度厭煩，甚至反感。

這種人期望凡事都能做得盡善盡美，卻又總是眼高手低。他們愛誇口，缺少求實的精神，所以總是失敗。雖然這種人雖爲人執拗，不過大多富於想像，只是經常走錯門路。

對於愛情和婚姻，他們也都比較挑剔。旁人或許認爲這種人考慮愼重，但事實不然，應該說是先天的性格決定了這一切——他們找對象往往是用自己構想的「模型」，尋找心目中的白馬王子或白雪公主，脫離了現實。而一旦談成戀愛，則大多數都傾向於「速戰速決」，因爲他們的想法正是「王子和公主從此過著幸福快樂的日子」。

• 羞怯型坐姿

把兩膝蓋併在一起，小腿隨腳跟分開成「八」字型，兩手掌相對放於兩膝蓋中間的人，特別害羞，多說一兩句話就會臉紅，最害怕的就是出入社交場合。這類人感情非常細膩，但並不溫柔，因此經常讓他人感到莫名其妙。

這種人正是保守型代表，他們的觀點一般不會有太大變化，對許多問題的看法還停留在幾十年前。

在工作中，他們習慣於用過去的經驗作依據，這種行爲模式或許沒有錯，但在日新月異的今天，因循守舊肯定要被社會淘汰。

不過，他們對朋友的感情是相當真誠的，每當別人遭遇困難，只需打個電話，一定樂意效勞。

他們的愛情觀也受到傳統思想束縛，經常被家庭和社會壓力壓得喘不過氣。

• 堅毅型坐姿

這類人喜歡將大腿分開，兩腳跟併攏，雙手習慣性放在肚臍部位。

這種人有勇氣，也有決斷力，一旦考慮了某件事情，就會立即付諸實行。在愛情方面，對某人產生好感以後，便積極主動地表明自己的意向。

不過，他們的獨佔慾和領導慾相當強，動不動就會干涉戀人的生活，可能因此引發對方的反感。

他們天生好戰，敢於不斷追求新事物，也敢於承擔社會責任。這類人當長官的權威源於自身的氣魄，其實很多人並不是眞心尊重他們，只是被他們散發出的無形力量威懾而已。

從另一個角度來說，他們難以成爲處理人際關係的「高手」，當遇到比較棘手的人際關係問題時，多半只有求助於自己身邊的人，但如果是生活或經濟、事業方面帶來的壓力，則一定能夠泰然處之。

• 放蕩型的坐姿

這種人坐下時常常將兩腿分開一段距離，兩手沒有固定擱放處，屬於一種開放隨性的姿勢。

這種人喜歡追求新奇，偶爾成爲引導都市消費潮流的「先驅」。他們對於普通人做的事不會滿足，總是想做一些其他人辦不到的事，或許說他們喜歡標新立異更爲貼切。

他們平常總是笑容可掬，最喜歡和人接觸，人緣也確實很好，因爲他們不在乎別人的批評，這是一般人很難做到的。以這方面來說，他們很適合於從事社會運動或類似的工作。

不過，這類人的日常行為舉止著實讓人不敢恭維，或許很多此類型的人根本沒有意識到自己的輕浮，會給家庭和個人帶來很大煩惱。

・冷漠型坐姿

通常將右腿交疊在左腿上，小腿靠攏，雙手交叉放在大腿上。

這種人乍看非常和藹可親，很容易讓人接近，但事實卻恰恰相反，別人找他談話或辦事，總是一副愛理不理的模樣，讓你不得不反思：「怎麼會這樣？我是否花了眼？」

事實上，你沒有花眼，感覺還相當正確，他們不僅個性冷漠，而且性格中還帶有「狐狸作風」，對親人、對朋友，總要炫耀自以為是的各種心計，讓周圍的人不得不敬而遠之。

這種人做事總是三心二意，還經常向人宣傳自己的「一心二用」理論。

・悠閒型坐姿

這種人總是半躺半坐，雙手抱於腦後，看來就是一副怡然自得的樣子。

他們的性格隨和，與任何人都相處得來，也善於控制自己的情緒，因此能夠得到大家的信賴。

他們的適應能力很強，態度正向，從事任何職業好像都能得心應手，加之毅力不弱，往往能達到某種程度的成功。

這種人喜歡接觸新事物但不求甚解，可能因爲要求的僅是「學習」而已。

他們的另一個特點是個性熱情、揮金如土。買東西常常只是憑直覺的喜歡與否，對於錢財，從來就看作身外之物，時常得承受因處理錢財過於魯莽、不謹慎帶來的苦果，儘管所掙的錢並不少。

他們的愛情生活總體來說是較愉快的，雖然時不時會點綴上一些小小煩惱，但無傷大雅。

這種人的雄辯能力雖然很強，但並不是在任何場合都想表現自己，完全取決於他們當時面對的狀況與對象。

•坐時動作的變化

坐上椅子的方式，也因個性不同而產生各式各樣的坐法。有的人是把全身猛然扔出似地坐下，有的人則慢慢坐下，也有些人小心翼翼地坐在椅子前半部，還有些人將身體深深沉下似地坐著。

這些行爲，明白地流露了各人的心理狀態。那麼，在身體語言上，對以上動作各作何解釋呢？

看見某人猛然坐下的行爲，一般會以不拘小節看待，其實，完全出乎所料的情形很多，也就是說，這種人表現似乎極端隨意的態度裡，其實隱藏了內心極大的不安。

這是由於人具有不願被對方識破自己眞正心情的抑制心理，尤其面對初次見面者，這種心理必然更加強烈。

坐下後若馬上表現出有些不安、心不在焉的態度，更可立即看出他的眞實心情。當然，若在知心朋友之間，就不能如此論斷。

那麼，坐下之後的態度又能看出什麼呢？

舒適而深深坐入椅內的動作，可視爲向對方表現自己的心理優勢。因爲本來所謂「坐」的姿勢，是人類活動上的不自然狀態，所以坐著的人必然在潛意識中想著立即可以站起來的姿勢。心理學上，稱它爲高度「覺醒水準」狀態，隨著緊張的解除，「覺醒水準」也隨之降低。

因此若腰部逐漸向後拉動，變成身體靠在椅背、兩腳伸出的姿勢，就代表心情放鬆，認爲跟對方相處不必過分緊張。

與此相對，始終淺坐在椅子上的人，無意識地表現著自己正居於心理劣勢，且欠缺精神上的安定感。因此，對於持這種姿勢而坐的客人，要談論任何要事，或託辦何種任務，都還爲時過早，因爲他尚未定下心來。

解讀坐姿「密碼」，不失於了解一個人的好方法。

看穿個性對走路的影響

每個人都要花許多時間在步行上，也因此不知不覺在動作中融入了自己的情緒，不妨試著從路人的走姿中看出不同的故事。

走路是每個人每天都要進行的行爲，雖然看似平常，沒有半點特別，但卻最能反映出性格特徵，如循規蹈矩之人的走路姿態，與積極上進之人的走路姿態，絕對是大相徑庭。

這種分析具有一定的準確性和科學性，只要學會觀察他人的走路姿態，就能瞬間讀懂對方的眞實性格。

• 昂首挺胸的人

大多比較自信，自尊心也較強，有時則過於自負，好妄自尊大，還可能清高、孤傲。昂首挺胸的人凡事只相信自己，習慣主觀臆斷，對於人際交往較爲淡漠，經常孤軍奮戰，但思維敏捷，做事有條不紊，富有組織能力，能夠成就財富事業並完成既定目標，自始至終保持完美形象。

• 步履矯健的人

這種人比較注重現實，相當實際，精明強悍，往往是事業有成的代表；凡事三思而後行，不莽撞唐突，不好高騖遠，無論對事業還是生活，都能夠腳踏實地，一步一腳印地前進。

這種人重信義、守諾言，有「一言既出，駟馬難追」的魄力，不輕信人言，富主見和辨別能力，是可以令人放心的人。

• 健步如飛，不顧左右的人

任何人遇到緊急情況都會不顧一切地疾行，但如果無論何時都顯得匆匆忙忙，好像屁股後面著了火似的，就另當別論了。這種類型的人辦事比較急躁，雖然明快又有效率，但缺少必要的細緻，有時免不了草率行事，缺乏耐性；優點是遇事從不推諉搪塞，勇敢正直，精力充沛，喜歡面對各種挑戰。

・躬身俯首的人

這種人給人最大的印象就是自信心不足，缺乏一定的膽識與氣魄，沒有冒險精神，謙虛謹愼，不喜歡華而不實的言詞，看來彬彬有禮。

與人交往過程中，他們不會表達太多自己的感情，雖然沉默冷淡，似乎對什麼都沒有興趣或熱情，但實際上相當特別重視友誼，一旦找到了知己，就會付出眞心，甚至不惜爲對方兩肋插刀。

・翩翩若舞的人

這種人多半是女人，走路時扭動腰肢、搖曳生姿。但是她們坦誠、熱情、善良、隨和，可謂社交高手。

有人形容以這種姿態走路的女人比較放蕩和輕佻，但大多數現代人認爲這是女人特有的嫵媚和迷人動作，充分展現出女性的風采和氣質。

・手足協調的人

這種人對待自己非常嚴厲，不允許有半點的差錯和放鬆，希望一舉一動都可以作爲他人的榜樣，具有相當堅強的意志力和高度的組織能力，但容易走向武斷獨裁，讓周圍的人畏懼。他們對生命及信念非常固執專注，不易受他人和外在環境影響，爲實現目的，會不惜一切代價。

・手足不協調的人

這種人走路時雙手擺動極不協調，且步伐忽長忽短，讓人看了極不自在。他們生性多疑，對什麼事都小心翼翼，瞻前顧後，責任感不強，做事往往有始無終，甚至一出狀況便溜之大吉。

• 雙足內斂或外撇的人

可以想見，這種人走起路來必定用力而且急促，但上半身維持不動。他們不喜歡交際，認爲那是無聊之人才做的事情，不願意爲此浪費時間和精力。

這類人頭腦聰明，做起事來總是不動聲色，給人意外的驚喜，但也略有保守和虛僞的傾向，知心朋友並不是很多。

• 心不在焉的人

因爲心不在焉，所以走路步調混亂，沒有固定習慣略可言，可能雙手放進褲袋，雙臂夾緊；可能雙臂擺動，挺胸闊步。這樣的人生性豁達大方、不拘小節，可以作爲好友。

• 落地有聲的人

雙足落地的時候發出清晰的響聲，行進快捷，昂首挺胸，一副精神煥發的樣子。這類型的人志向遠大，積極進取，會精心設計並打造自己的未來和生活，期望一天過得比一天更好。理智，做事有條不紊，規規矩矩，同時注重感情，內心熱烈似火，是相當理想的情人或伴侶。

・文質彬彬的人

這種人走起路來不疾不徐，雙手輕鬆擺動，富有教養，但是生性膽小怕事，沒有遠大理想，而且不思進取，喜歡平靜和一成不變，所以總是原地踏步，只求維持現狀，遇事冷靜沉著，不輕易動怒。

以這種姿態走路的女人，多具備賢妻良母般的特質。

・橫衝直撞的人

這種人走路又疾又快，不管是在擁擠的人群當中，還是在空曠之地，一律橫衝直撞，長驅直入，而且從來不顧及他人感受。他們性情急躁，辦事莽撞，但坦率眞誠，交遊廣闊，不會輕易做出有損朋友的事。

・猶疑緩慢的人

走起路來彷彿身處沼澤地似的，行進艱難。這種人性格大多較軟弱，容易退縮，不喜歡張揚和出鋒頭，遇事必定思考再三，否則絕不冒險邁出第一步，結果往往錯失良機。這種人個性憨直可愛，胸無城府，重視感情，交友謹慎。

・慢悠悠走路的人

這類人平時總是悠哉悠哉走路，說明無所事事，遊手好閒，不務正業。他們大多性格遲緩，放任自流，凡事得過且過，順其自然，沒有太高的追求目標，缺乏進取心。

・故弄玄虛的人

走起路來左右搖擺，喜歡裝腔作勢，明明沒什麼本事卻又要擺出一副卓爾不凡的架勢。這樣的人遇到難題不是趕緊推卸轉移就是不了了之，不允許別人有半點對不起他們。這種人由於奸詐虛僞，阿諛奉承成性，往往導致事業、愛情和生活上的失敗。

• 連蹦帶跳的人

若是走起路來手舞足蹈、一步三跳且喜形於色，一定是聽到了某種極好的消息，或得到了意想不到、盼望已久的東西。這樣的人城府不深，不會隱藏自己的心思，因此往往人緣極好，朋友也不少。

• 不安靜的人

這種人除了睡覺以外，沒有一刻安靜，喜歡竄上竄下。做事粗心大意，丟三落四，但慷慨好施。他們喜歡湊熱鬧，害怕孤獨，健談，常常口若懸河，評古論今。此外，思想單純，喜歡戶外活動，特別是在大自然當中徜徉。

每個人都要花許多時間在步行上，也因此不知不覺在動作中融入了自己的情緒。下一回上街時，不妨放慢腳步，試著從路人的走姿中看出不同的故事。

由睡姿剖析對方的潛意識

睡眠除了是休息的方式，也是無聲的語言，表現了一個人深層的潛意識，值得我們多投注精神去注意、詮釋。

行爲心理學家認爲，一個人以什麼樣的姿勢睡覺，是直接透過潛意識表現出來的身體語言。無論是假裝睡著還是眞正的熟睡，睡姿都會顯示出個人表露在外和隱藏在內的某種思想感情。

或許我們並不知道自己在睡覺時採取什麼樣的姿勢，那麼，不妨問一問身邊親近的人，然後根據實際的性格比對一下。

此外，也可以對別人進行大致的觀察，並進行瞭解。

在睡覺之時採用像嬰兒般的睡姿，這一類型的人多是缺乏安全感，比較軟弱而且不堪一擊。

他們的獨立意識比較差，對熟悉的人物或環境總有著極強的依賴心理，對不熟悉的事物則感到恐懼。

他們也缺乏邏輯思辨能力，做事沒有先後順序，常常一件事情已經發生了，卻連準備工作都還沒有做好；這種人由於責任心不強，遭逢困難當頭時，很容易選擇逃避。

採取俯臥式睡姿的人，多有很強的自信心，並且能力突出。在絕大多數情況下，他們都能很好地把握住自己。他們對自身有非常清楚的認識，知道自己是誰，也知道正在做些什麼，對於追求的目標，抱持堅持不懈的態度，有信心也有能力實踐。

他們隨機應變的能力相當強，懂得如何調整自己。另外，還可以很好地掩飾眞實感情，不讓他人看出一點破綻。

喜歡睡在床邊的人，時常缺乏安全感，理性比較強，能夠控制自己，儘量不使這種負面情緒流露出來，因爲他們知道事實可能並非如此，一切只是一廂情願的想法。

他們具有一定程度的容忍力，外界的刺激若沒有達到某一極限，通常不會輕易反擊、動怒。

睡覺時整個人躺在床的對角線上，多半是相當武斷的人。

這類型的人做事雖然精明幹練，但絕不向他人妥協，說一不二，旁人不得提出反對意見。他們樂於指揮別人，期望所有事情都在自己的直接監督下完成，有很強的權力慾望，一旦得到權力就不會輕易放手，而且會越抓越緊，絕不願與他人分享。

喜歡仰睡的人多是十分開朗大方的，天性比較熱情親切，而且富有同情心，能夠很仔細地洞察他人的心理，懂得他人的需要。

他們是樂於施捨的人，在思想上相當成熟，待人處事往往都能分清輕重緩急，知道自己該怎麼做，才能達到最好的效果。

一般來說，他們的責任心很強，遇事不會推卸責任、選擇逃避，而是勇敢地面對，甚至主動承擔。這種優秀的品格能贏得他人的尊敬，又由於他們能夠對各種事物做出準確的判斷，很容易得到他人的信賴，也會爲自己營造出良好的人際關係。

把雙腳放在床外的睡姿，說明這樣的人相當疲勞，這類型的人大多工作繁忙，沒有太多時間休息。

他們的生活態度積極且樂觀，絕大多數時候顯得精力充沛，而且相當活潑，爲人也較熱情和親切。他們多具有一定的實力和能力，可以同時進行許多事情，生活節奏相當快。

臉朝下，頭擺在雙臂之間，膝蓋縮起來，藏在胸部下方，背部朝外，採取這類睡姿的人，通常具有很強的防衛心理，並且時刻緊張著，準備隨時出擊。他們的自主意識大多比較強烈，不會聽從他人的吩咐和擺佈去做一些本身不願意從事的事情，更不可能向權勢低頭。如果有人強行要求他們，就會採取必要的反擊措施。

雙手擺在兩旁，兩腳伸直坐著，這種睡姿並不多見，但仍然存在。這類型的人時刻處在高度緊張當中，生活節奏不但相當快，而且規律性極強。每天在什麼時間做什麼事情幾乎已固定下來，而在整個過程進行中，身體思想自然而然也形成了一定的規律，儼然反射動作一般。

也有人在睡覺時握著拳頭，彷彿隨時準備應戰。這一類型的人如果把拳頭放在枕頭或是身體下面，表示正試圖控制激動的情緒。如果是仰躺或側著睡覺，拳頭向外，則有向人示威的意思。

雙臂雙腿交叉睡覺的人，自我防衛意識多比較強烈，不允許別人侵犯自己。他們的性格脆弱，很難承受某種傷害，對人比較冷漠，常壓抑自己，並且拒絕將眞情實感流露。

睡眠除了是休息的方式，也是無聲的語言，表現了一個人深層的潛意識，值得我們多投注精神去注意、詮釋。

從服飾判斷個性

不同衣著風格，暗示了不同的個性，這正是無聲的語言，因此不妨從現在開始便細心地觀察。

「衣服是文化的表徵，衣服是思想的形象。」這是文學家郭沫若說過的話，意思是說，人可以透過衣著打扮來向外界展示自己。

隨社會的進步與發展，現在要從衣著打扮判斷一個人，難度無形之中增大了，因爲現代人的喜好多樣化，不再拘泥於種種形式，所以不能完全按照傳統進行觀察和判斷。

但也正是由於張揚個性，不拘泥於形式，所有人都可以更充分地展示自己的心理狀況、審美觀點，以及性格特徵。

一般來說，喜歡穿簡單樸素衣服的人，性格比較沉著、穩重，爲人眞誠熱情。這種人在工作、學習和生活當中，大都持踏實態度，而且還能夠保持客觀和理智。但是如果過分樸素就不太好了，可能造成缺乏主體意識，軟弱且輕易屈服於別人，受到限制。

喜歡穿著單一色調服裝的人，多是個性比較正直、剛強的，這種人理性思維要優於感性思維。

喜歡穿淡色便服的人，多比較活潑、健談，且喜歡結交朋友。

喜歡穿深色衣服的人，性格比較穩重，城府相對也深，不太愛多說話，凡事深謀遠慮，但也會有一些意外之舉，讓人捉摸不定。

喜歡式樣繁雜、五顏六色衣服的人，多是虛榮心比較強，愛表現自己而又樂於炫耀，任性甚至還帶點飛揚跋扈的味道。

喜歡穿過於華麗衣服的人，有很強的虛榮心和自我顯示慾、金錢慾。

喜歡穿流行時裝的人，最大的特點就是沒有主見，不知道自己有什麼樣的審美觀，多情緒不穩定，且無法安分守己。

喜歡根據自己的嗜好選擇服裝而不跟著流行走的人，多是獨立性比較強，具果斷決策力的人。

喜愛穿著同一款式衣著的人，性格大多直率爽朗，有很強的自信，愛憎、是非、對錯往往分得很明確。優點是做事不猶豫不決，相當乾脆俐落，缺點就是過分清高自傲，自我意識太濃，常常自以爲是，令人困擾。

喜歡穿短袖襯衫的人，性格可能放縱不羈，但爲人卻十分隨和、親切。他們很熱衷於享受，凡事率性而爲，不墨守成規，喜歡有所創新、突破。當然，自主意識比較強，單純以個人的好惡來評定一切。

他們雖然看起來有點吊兒郎當，但實際上心思仍相當縝密，而且知道自己該在什麼時候做什麼，能夠三思而後行，小心謹慎，不至於因爲任性妄爲而造成嚴重的大錯。

喜歡穿長袖衣服的人，大多比較傳統和保守，爲人處世循規蹈矩，不敢有所創新和突破。在某一方面來講，他們是比較缺乏冒險意識的，但又喜愛爭名逐利，人生目標也定得很高。

這樣的人，最大優點就是適應能力比較強，這得益於循規蹈矩的爲人處世原則。不論處於什麼場合，很快就會融入其中，所以通常能營造出比較好的人際關係。他們很重視自己在別人心目中的形象，希望得到注意、尊重和讚賞，因此在衣著打扮、言談舉止等各方面，都會嚴格地要求自己。

喜愛寬鬆自然的打扮，不講究剪裁合身、款式入時衣著的人，多較內向。他們常常以自我爲中心，難以融入其他人的生活圈子裡。

他們有時候很孤獨，也想和別人交往，但在過程中，又總會遇上許多的不如意，到最後還是多以失敗告終。

他們多沒有朋友，可一旦交上了，就會非常要好。由於性格中害羞、膽怯的成分比較多，不容易接近別人，也不易被人接近，對於團體活動，一般來說是沒有太大興趣的。

穿著打扮以素雅、實用為原則的人，多是比較樸實、大方、心地善良、思想單純，又具有一定的寬容和忍耐力者。他們為人十分親切、隨和，做事腳踏實地，從來不會以花言巧語欺騙和耍弄他人。此外，思想單純，凡事都往好的方面想，但對事物並不缺乏自己獨特的見解，具有很好的洞察力，總是能把握住事情的實質，做出最妥善的決定。

喜歡色彩鮮明、繽紛亮麗服裝的人，多是比較活潑、開朗的，單純而善良，性格坦率又豁達，對生活的態度也比較積極、樂觀向上。他們大多聰明具有智慧，表現在外就是較強的幽默感。同時，自我表現慾望比較強，常常會製造些意外，給人帶來耳目為之一新的感，以吸引他人的目光。

不同衣著風格，暗示了不同的個性，這正是無聲的語言，因此不妨從現在開始便細心地觀察，相信會有一番收穫。

站姿是反射性格的鏡子

站姿是性格的一面鏡子，只要細心觀察周圍的人，從他們站立的姿勢語言探知性格心理，必定會有收益。

除了坐姿，站立的姿勢也可反映一個人的性格特徵。

有的人站立時抬頭、挺胸、收腹，兩腿分開直立，兩腳呈正步，像一棵松樹般挺拔，這種人是健康自信的人，也因爲自信，所以做事雷厲風行，很有魄力；其次，這樣的男人正直、有責任感，是受女孩子歡迎的對象。

相反的，站立時彎彎曲曲、頭部下垂、胸不挺、眼不平的人，則是缺乏自信，做事畏縮不前，不敢承擔風險和責任的人。

除此之外，這種人還可能是專幹偷雞摸狗勾當的人，因爲做賊心虛，自然頭抬不起，胸不敢挺。

還有一種人也如此，那就是一輩子與藥罐子爲伍的人，當然，這種苦衷大家都可以理解，實在不是天生不想挺直腰桿做人，而是因爲病毒無時無刻不在侵擾著他們的軀體。

至於站立姿勢不傾不斜的人，則是前面兩種人的折衷。

一般人遇上南風往北邊倒，遇到北風往南邊倒，但此類人就像擁有法術，活像個不倒翁。爲了不倒，非但極盡阿諛奉承、拍馬鑽營之能事，還善於僞裝，讓人覺得馬屁拍的聲音雖不大，卻很溫柔舒服。

因此，他們一般城府很深，心機深藏不露，甚至於可能陰險狡詐、心腸惡毒，不得不提防。

當然，做事缺乏主見、優柔寡斷之人也在此列。

從站立姿勢看，一般提倡丁字步，也就是兩腿略微分開，前後略有交叉，身體重心放在一隻腿上，另一隻則發揮平衡作用。

這樣不顯得呆板，既便於站穩，也便於移動。

站立的姿勢若適當，就會覺得全身輕鬆、呼吸自然、發音暢快，特別有助於提高音量，相當舒適。

只有好的站姿，才能使身體的姿勢、手勢自由地活動，才能把自己的美好形象充分地顯露出來。

基本上，無論男性或女性，站立姿勢都應給人以挺、直、高的美感。

就男性來說，站立時，身體各主要部位應舒展，頭不下垂，頸不扭曲，肩不聳，胸不含，背不駝、膝不彎，如此才能做到「挺」。

站立時脊柱與地面應垂直，在頸、胸、腰處保持正常的生理彎曲，頸、腰、背後肌群保持一定緊張度，做到「直」。

站立時身體重心提高，將重點放在兩腿中間，做到「高」。

就女性來說，站立時頭部可微低，這有利於突顯溫柔之美。至於挺胸不僅顯得朝氣蓬勃，而且更是自信的象徵，挺胸之時腹部宜微收，臀部放鬆後凸，則能增加曲線美。

在正式場合站立，注意不能雙手交叉、雙臂抱在胸前或者兩手插入口袋，更不能讓身體東倒西歪或依靠其他物體。

另外，不要與人太近，因爲每個人在下意識裡都有私人空間，逼得太近，會使對方產生被侵犯的感覺。所以在正式場合與人交談時，不要與人太靠近，而應儘量保持一定距離。

有人說：「站姿是性格的一面鏡子」，此話一點不假。只要細心觀察周圍的人，解讀他們站立的姿勢語言，探知性格心理，必定會有實質性收益。

PART 3

發現說謊者的假動作

辨認對方的假動作是一項非常重要的技巧，
掌握這個技巧，
可有效地幫助你識破他人的謊言。

善用手勢，讓發言更具氣勢

說話時，認真考慮現下所處環境，斟酌使用手勢強調自己的想法，可使說話人收到最佳效果。

手勢是一個人內心世界的反映，透過手勢流露的語言，我們可以更清楚地洞察他人的心理活動。

- **豎起大拇指表示對他人的讚許**

在人們的觀念中，豎起大拇指，表示「第一」、「好」、「高人一等」、「獨佔鰲頭」等意思。從手相來看，大拇指代表個性和自我力量，常用來顯示使用者的支配力量、優越地位，甚至爭強好勝心理。

大拇指的手勢是輔助性的，常與其他非語言信號配合使用。使用者很可能是好在下級面前擺架子的傲慢經理，向心儀的女性求愛的男人，身著名貴服裝並擁有某種聲望的名人，這表示了豎起大拇指可以顯示一種特殊權威和高明姿態。

陳述己見表示與他人不同時，豎起拇指尤其能夠表現優越性。豎起大拇指，更常被用來表示稱讚的意思。

在一些特定場合，用大拇指指人則有譏笑或貶低他人的意味。例如一個男人握著拳頭，卻將大拇指指向妻子，側身對其朋友說：「你知道，女人嘛！都那樣！」很可能會馬上引起夫妻間的一場口角。

用大拇指斜指著人的動作，很可能會引起他人不滿，最好少用或不用。眞誠地讚賞和稱讚他人時，應該面帶微笑，將手平伸出去，拇指上揚，才能表現謙虛和尊重態度。

• 握緊拳頭顯示說話的力量和氣勢

一般情況下，在莊重、嚴肅的場合宣誓時，必須將右手握拳，並舉至右側齊眉高度。有時在演講或說話時，捏緊拳頭，用意在向聽衆表示：「相信我，我是有力量的！」

但如果是在敵對的人面前握緊拳頭，則表示：「我不會怕你，要不要嘗嘗這拳頭的滋味？」

握緊拳頭，意在顯示果斷、堅決、自信和力量。若是在聽人演講或與人講話時見到對方握緊拳頭，就證明了這個人很有自信，很有感召力。

• 雙手插腰意味著挑戰

孩子與父母爭吵、運動員準備出賽、拳擊手在更衣室等待開戰的鑼聲、兩個吵紅了眼的仇家……上述情形中，經常可以看到的姿勢是雙手將插在腰間，這是一種表示抗議、進攻的常見舉動。有些觀察家把這個動作稱之爲「一切就緒」，但「挑戰」才是最根本的實際含義。

這種姿勢還被認爲是成功者所獨有，因爲它可使人聯想到那些雄心勃勃、不達目的誓不甘休的人。這些人在向自己的奮鬥目標進發時，都愛採用這種姿勢，它含有挑戰、奮勇向前的意味。男人們也常常在異性面前使用這姿勢，來表現自己的好戰，以及英勇形象。

鳥類在戰鬥或求偶時，總愛抖擻精神，蓬鬆羽毛，使自己顯得更雄壯，人類把手插在腰間，也是同樣的原因，希望使自己更高大威武。若男人對男人這樣做，通常意味著挑戰，警告對方不要進入自己的領地，不要打不軌的主意。

說話時，認眞考慮現下所處環境，斟酌使用手勢強調自己的想法，可使說話人收到最佳效果。

• 贊同時，將手勢上揚

手勢上揚，代表贊同、滿意或鼓舞、號召的意思，有時候也用來打招呼。朋友見面，會遠遠地揚起手說聲「嗨」、「哈囉」，演講或說話時手勢上揚，最能體現個人風格，說明演講或說話者是個性格開朗、爽快、不拘於小節的人。

上揚，是一種幅度比較大的手勢動作，容易使人產生鮮明的視覺印象，感受自然也比較強。

不少人在演講和說話時，也都喜歡將手勢上揚，期望能在無形之中傳達振奮和向上的力量。

在我們的日常工作和生活中，也常看到手勢上揚的姿勢，例如某經理交代完工作後，會對他的員工揚一揚手說：「好了，就這樣吧！」聽完彙報後，也可能揚揚手說：「行了，行了，這件事我已經明白了。」

在這種時候將手勢上揚，表示讚揚和肯定的意思。

當我們與朋友、熟人告別時，也常揚揚手說聲「再見」。總之，這是一種既能顯示出個人特點，又很受人歡迎的手勢，可以塑造出說話者豪放、大度、有號召力的魅力形象。

• 手勢下劈可增加說話的力度

手勢下劈，給人一種泰山壓頂、不容置疑之勢，使用這種手勢的人，一般都高高在上，高傲自負，喜歡以自我爲中心，提出觀點不會輕易容許人反駁。

伴隨著這個動作傳遞的意思有「就這麼辦」、「這事情就這樣決定了」、「不行，我不同意」……等等。

日常生活中，我們也常遇到一些領導人在講話時，爲了強調自己的觀點，會把手勢往下劈。每當這個時候，聽者最好不要提出相悖的觀點，因爲對方一般不會輕易採納。平常與同事或朋友三五成群地爭論問題時，我們也可以發現會有人爲了證明自己的觀點正確並否定別人的觀點，採用這種手勢表示不認同，打斷別人的話。

認清手勢代表的意思

配合情況、目的與心境，使用不同的手勢，可以成為言語的最好輔助，達到出乎意料的效果。

肢體語言從不會「撒謊」，而一般的語言媒介則未必。善於識別手勢語言，有助於我們在爲人處世上採取適當的姿態。

・雙手平攤表明坦誠態度

當人們開始說心裡話或實話時，總是把手掌張開顯示給對方。就跟大多數肢體語言一樣，這一舉止有時是無意識的，有時是故意的，但都使人感受或預知到對方將要講出眞話。

小孩在撒謊或隱瞞實情時，總是將手掌藏在背後；夜晚與夥伴們玩耍通宵未歸的丈夫不願對妻子說出去處時，也常常將手插在衣袋裡或兩臂相疊，而妻子則可以從丈夫的姿勢感覺到對方在隱瞞實情。

由此可見，與他人交談時，伸出雙手攤開，能夠使你顯得誠實可靠。有趣的是，大多數人發現攤開手掌時不僅不容易說謊，而且還有助於制止對方說謊，鼓勵以坦誠相待。

雙手攤平，除了表示誠懇、眞實，同時也能鼓勵對方坦誠相待。在生活中，我們不妨也經常將自己的雙手攤平，以誠待人，這樣，在任何人心目中的形象一定都能保持美好。

西方曾有心理學家斷言：「判斷一個人是否坦率與真誠，最有效、最直接的方法，就是觀察手掌姿勢是否為攤開。」

當人們願意表示完全坦率或眞誠時，就會攤開雙手說：「沒有什麼值得隱瞞的，讓我都告訴你吧！」

• 雙臂合抱是敵視和拒絕的表現

雙手往胸前一抱，就構成了一道阻擋威脅或不利情形的有力屏障。由此可見，當一個人神經緊張、極度消極或充滿敵意之時，就會很自然地把雙手抱在胸前，保護自己。

在美國，一些對雙手合抱於胸前這個姿勢的研究工作，獲得了非常有趣的成果。研究者選出一組學生參加系列講座，要求他們必須處於最隨便、放鬆的坐姿，雙腿與雙臂不可交叉。講座結束後，測驗每個學生對聆聽內容記住了多少，對講課人所持的態度也要記下來。

另一組同學也參加了測試，不同的是，他們聽講座時，必須自始至終把雙臂緊緊抱在胸前。

實驗結果表明，雙臂緊抱胸前的那一組學生，記住的講座內容，比放鬆狀態的學生要少了三十八%。對第二組學生的觀察還顯示，他們對教課內容和授課人所提的反對意見也相對較多。

但如果內心緊張、消極、充滿敵意，採取雙臂合抱的姿勢必定會使心情感

覺好一些。這種姿勢經常出現在公開集會上，隊伍中或電梯裡，以及任何一個可能使人感覺不自在和不安全的場合。

當你進行演講，人們卻對所聽內容不以爲然時，大都會採取將雙臂合抱的姿勢。很多演說家之所以不成功，就是因爲沒有注意到聽衆的肢體語言。而有經驗的演說家則深深懂得，當這種姿勢出現，就意味著自己必須另闢蹊徑打破僵局，轉變聽衆現下所持的否定態度。

在日常生活中，與人面對面交談時，看到對方將雙臂緊抱胸前，你應該要知道自己必定講了讓對方不同意的話。或許對方口頭上還不停地表示贊同，但你如果不改變方式，仍堅持原來的論點繼續講下去，必定毫無意義。

請記住，只要對方依舊以雙臂合抱的姿勢出現在你面前，否定態度就不會消失。須知，是你讓對方採取了這種態度，所以最明智的做法就是努力改變自己的觀點，對方一鬆開合抱的雙臂，友好的情緒也就從這一刻開始。

•十指交叉是在掩飾消極和不安

與人愉快的談話時，常常無意識地將十指交叉。常見的姿勢是交叉著十指舉在面前，面帶微笑地看著對方，或者交叉著十指平放在桌面上。

這種動作，尤其常見於發言人。

即便出現這個動作，發言者可能仍處於心平氣和、娓娓敘談的狀態，乍看似乎充滿了自信，但事實並非如此。

有一次，一位推銷員講述曾經推銷失敗的故事。隨著講述，人們發現他將十指緊緊交叉，手指也變得蒼白，似乎就要融化到一起。這一手勢顯示了受挫情緒，或對某人抱持的敵視態度。

心理學家尼倫伯格和卡萊羅在對十指交叉手勢進行研究後，得出結論——這是一種表示心理不安的手勢，目的在掩飾自身消極態度。

一般來說，做出十指交叉手勢時，手的位置的高低與消極情緒的強弱有關。有的將十指交叉放在膝上，也有的站立時將十指交叉放在腹前，而高位十指交叉比中位十指交叉更顯得莫測高深。

正像所有表示消極情緒的姿勢一樣，要想讓這樣的人打開緊緊交叉的十指，

都需要付出某種努力，否則，對方的不安和消極無法改變。

在我們進行演講或於日常生活與人交談，如果遇到情緒消極的情況，做出十指交叉的手勢，可以在心理上產生自我保護作用，使談話不至受到消極情緒的負面影響。

・數撥手指可增強說服力和清晰度

一般情況下，數撥手指，是在說明某些數字和條件時，需要特殊強調且增加其說服力和清晰度時，普遍採取的一種手勢。

平時在日常生活中，涉及到一些數字和條款時，為了不讓聽者混淆，可以數撥手指，進行彙報工作時，也常數撥著手指。這樣，就可以顯得更有條理一些，不至給人籠統混亂之感，進而提高自己的魅力，讓形象更加鮮明。

配合情況、目的與心境，使用不同的手勢，可以成為言語的最好輔助，達到出乎意料的效果。

對方的習慣動作表示些什麼?

語言、態度都可能經過包裝、修飾，小動作則不然，能夠更直接、真實地顯現一個人的思想、情緒。

羅塞蒂曾經寫道：「如果你想在最短的時間，看透一個人，只要看他在事不關己的事情上面，如何應對即可。」

因爲，如果這個人是屬於那種幸災樂禍的人，那麼他就會隨口說出「早知如此，何必當初」的風涼話，如果這個人是屬於古道熱腸的人，那麼他就會將這件「事不關己」的事情，當成好似是自己的事情來處理。

除此之外，平常無意做出的一些小動作，也在在展現了一個人的本性。

・常常低頭

這種人個性比較愼重，討厭過分激烈、輕浮的事，爲孜孜勤勞型，在交朋友時表現得也很愼重。

・托腮

凡事過於深思熟慮，做事不馬虎，很有責任心。

・兩手腕交叉

保持著獨特的看法，給人冷漠的感覺，屬於容易吃虧型的人，稍微有些自我主義，也有些孤僻不合群。

・摸弄頭髮

這種人相當情緒化，常感到鬱悶、焦躁，對流行很敏感，但忽冷忽熱。

・把手放在嘴上

屬於敏感型，是秘密主義者。常常在嘴上逞強，但內心相當溫柔，有自身獨特且細膩的一面。

・手握著手臂

是一個思想保守但又非理性的人，因為不太能夠拒絕別人的要求，有受騙吃虧的可能性。

• 喜歡靠著某樣物體

冷酷的性格，具責任感和韌性，屬獨自奮鬥型，但潛意識又有很強的依賴心理，多少有些矛盾。

• 到處張望

富社交性格的樂天派，有順應性，對什麼事都感興趣，會一窩蜂地湊熱鬧，好惡分明、強烈情緒化。

語言、態度都可能經過包裝、修飾，小動作則不然，能更直接、眞實地顯現一個人的思想、情緒。想了解身邊的人，不妨從觀察他們的小動作開始。

發現說謊者的假動作

辨認對方的假動作是一項非常重要的技巧，掌握這個技巧，可有效地幫助你識破他人的謊言。

在這個人心叵測的時代，人基於各種目的，難免會說一些假話謊話，因此，應對進退要多一點慧眼，尤其在交際場合，更要懂活分辨對方所說的是眞心話，或者只是場面話，甚至是騙人的謊話。

很多人不知道，事實上，說謊不僅僅只體現在語言上，還會輔以外在種種動作。通常的「假動作」有以下幾種：

• 掩嘴

拇指觸在面頰上，將手遮住嘴的部位稱作掩嘴，這是種明顯未成熟、還帶孩子氣的動作。也許說謊者大腦潛意識中並不想說那些騙人的話，因而做出掩嘴這個動作。也有人會以假裝咳嗽來掩飾捂嘴的動作，分散他人的注意力。

如果一個和你談話的人常伴有掩嘴的手勢，說明他也許正在說謊話。若在你講話時，聽者掩著嘴，也可能代表聽者覺得你說的話令他不滿意。

有時，掩嘴的動作會藉不同的形式出現，例如用指尖輕輕觸摸一下嘴唇，或將手握成拳狀，將嘴遮住。

•觸摸鼻子

一個人說謊後，會有一種不好的想法進入大腦，於是下意識地指示手去遮捂嘴，但是又害怕別人看出自己在說謊，因此只好很快地在鼻子上摸一下，就馬上把手放下來。當一個人不是在說謊，觸摸鼻子時，一般會用手摩擦一會兒，或搔抓一下，而不只是輕輕觸碰。

・摩擦眼睛

人們在說謊時，往往會摩擦眼睛，避免與他人目光接觸。

從男人的角度來講，動作通常較用力，如果撒了漫天大謊，則常常轉移視線，如用眼睛看著地板。摩擦眼睛的女人，一般都是在眼眶的下方輕輕地揉，這樣做一是避免動作過度粗魯，二是怕弄壞了自己的妝。爲了避開對方注視，她們常常眼看天花板。

・拉衣領

根據專家研究發現，當一個人說謊時，往往會引起敏感的面部和頸部組織刺痛感，因而必須用手來揉或搔抓。說謊的人感到自己被懷疑時，脖子似乎都會冒汗，這時就會有意識地拉一拉衣領。

・搓耳朵

搓耳朵的變化形式還包括拉耳朵，這種手勢是小孩子雙手掩耳動作在成人之後的重現。搓耳的說謊者還會用手拉耳垂或將整個耳殼朝前彎曲在耳孔上，此外，後一種手勢也是聽者表示厭煩的標誌之一。

• 搔脖子

說謊者在講話時，常用寫字的那隻手的食指搔耳垂下方部位，有趣的是，這種手勢通常要搔上五次左右。

除了以上幾種外，說謊者還可能有一些其他表現：平時沉默寡言，突然變得口若懸河；不自覺地流露出驚恐的神態，但仍故作鎮定；言詞模稜兩可，音調較高，似是而非；答非所問，誇大其詞；閃爍其詞，口誤變多；對你懷疑的問題，出現過多辯解，並強裝誠實的樣子；精神恍惚不定，刻意讓座位距你較遠，目光與你接觸較少，強作笑臉；對於你的談話，點頭同意的次數較少……如此等等。

辨認對方的假動作是一項非常重要的技巧，掌握這個技巧，可有效地幫助你識破他人的謊言。

從笑的方式看個性

企圖掩飾自身感情或帶著強烈警戒心，不願他人洞察自己真心的人，通常不會開口大笑。

笑，是我們經常會有的行爲。它雖只有聲音而沒有語言，但透過細心觀察，仍可以讀出「聲音」背後的諸多「語言」。

笑聲的內涵遠比想像豐富，不妨對此多用些心思留意。

捧腹大笑的人多是心胸開闊的，當別人取得成就以後，他們有的只是眞心祝福，而很少產生嫉妒心理。別人犯了錯，他們也會給予最大限度的寬容與諒解。天生比較有幽默感，總是能夠讓周圍人感受到快樂，同時還極富有愛心和同情心，在自己能力許可的範圍之內，願意給予他人適當的幫助。他們不勢利眼，不嫌貧愛富或欺軟怕硬，比較正直。

經常悄悄微笑的人，除了比較內向、害羞以外，還有一種性格特徵，就是心思非常縝密，且頭腦異常冷靜，無論什麼時候都能讓自己跳出所在圈子，扮演局外人，冷眼觀察事情的發生、進展情況，以利於自己做出明智的決定。他們很善於隱藏自己，不會輕易將內心的眞實想法表露。

平時看起來沉默寡言，甚且顯得有些木訥，但笑起來卻一發而不可收拾，直到連站都站不穩，這樣的人最適合做朋友了。

他們雖然與陌生人交往時顯得不夠熱情和親切，甚至讓人感到難以接近，但一旦與人眞正地交往，通常十分看重友情，並且在一定的狀況下，能夠爲朋友做出犠牲。

基於這一點，有很多人樂於與這種人交往，他們自己本身也擅長營造出比較和諧的社會人際關係。

笑的幅度非常大，全身都在搖晃，這樣的人性格多是直率眞誠的。和他們接近是不錯的選擇，因爲當發現朋友的缺點和錯誤，他們往往能夠直言不諱地指出，不會爲了不得罪人裝作視而不見。

他們不吝嗇，自己能力範圍之內，對他人的需求必定給予幫助。

也因爲如此，在自身遇到困難的時候，可以得到來自他人的關心和幫助。他們能使其他人喜歡自己，營造出良好的社會人際關係。

小心翼翼偷笑的人，大多內向，性格中傳統、保守的成分占很大比例。與此同時，在爲人處世上又顯得有些靦腆，但是對他人的要求往往很高，如果達不到要求，甚至會影響到自己的心情。

不過，整體而言，他們是可以和朋友患難與共的。

笑的時候用雙手遮住嘴巴，或者一邊數撥著手指，這樣的人顯得更有條理一些，不至給人籠統混亂之感。他們的性格大多比較內向，而且很溫柔，但是一般不會輕易地向別人吐露自己內心的眞實想法，包括親朋好友。

開懷大笑，笑聲非常爽朗的人，多是坦率、眞誠且熱情的。他們是行動主義的信徒，決定要做任何事情，馬上就會付諸行動，非常果斷和迅速，絕對不拖泥帶水。這類型的人，雖然表面上看起來很堅強，但內心在一定程度上卻極其脆弱、纖細。

笑起來斷斷續續，笑聲讓人聽起來很不舒服的，性情大多冷淡和漠然。他們比較現實，不會輕易地付出什麼。

此外，與生俱來的觀察力在很多時候相當敏銳，能察覺到他人心裡在想些什麼，然後投其所好，伺機行事。

有些人笑時經常會笑出眼淚來，這是由於幅度太大的緣故。經常出現這種情況的人，感情多相當豐富，具有愛心和同情心，生活態度可形容爲積極樂觀向上。他們有一定的進取心和取勝慾望，可以幫助別人，並適當地犧牲一些自身利益，並不強求回報。

笑聲尖銳刺耳的人，大多具有冒險精神，且精力比較充沛。他們的感情比較細膩和豐富，生活態度積極樂觀，爲人忠誠可靠。

只是微笑，但並不發出聲音，多屬於內向而且感性的人，性情比較低沉抑鬱，也較情緒化，極易受他人影響。

他們富浪漫主義傾向，並且會一直尋找可以製造浪漫的機會，爲此寧願做出一定犧牲；天生的性情比較溫柔、親切，能給人舒服的感覺，是屬於比較好親近相處的人。

笑起來聲音柔和而又平淡，這樣的人性格多較沉著穩重，能在大是大非面前保持頭腦的清醒和冷靜。他們比較明事理，凡事能夠多站在他人立場設想，並善於化解矛盾、糾紛。

笑起來發出「吃吃」聲音的人，大都嚴格地要求自己。他們的想像力比較豐富，創造性也很強，常常會有一些驚人舉動。而且富有幽默感，這是自身聰明和智慧的自然流露。

有些人笑時張大嘴巴，有些人不張口就能笑。

企圖掩飾自身感情或帶著強烈警戒心，不願他人洞察自己眞心的人，通常不會開口大笑。在不同的場合，發出不同的笑聲，這樣的人多是比較現實的，相對來說隨機應變和適應能力也比較強。

• 「哈哈哈」型的發笑

從腹腔發出笑聲的人，正是所謂的「豪傑」。一般人很難發出這樣的笑聲，必須身體狀況極佳才有辦法，平常這樣發笑必是體力充沛的人。不過，這種笑聲帶有威壓感，會震懾他人，因而使人心生警戒。女性若習慣如此發笑，一般是屬於長官型的人。

• 「呵呵呵」的笑聲

屬於自覺沒有信心或強制壓抑不快情緒時，沒有完全發笑的笑聲。有時可能企圖以這種笑聲掩飾內心的牢騷、心浮氣躁或身體疲倦等不太穩定的情緒，所以如此發笑。

• 「嘿嘿嘿」型的笑聲

代表一個人對他人帶有批評或輕蔑心態，當然，已成習慣者另當別論。

• 「嘻嘻嘻」型的笑聲

當事人內心隱藏了一些想法，或者有不安煩惱，甚至有攻擊傾向。

讀出頭部和肩部傳遞的無聲語言

在選舉期間，候選人披著紅布條，不單是想引起民眾注意，還有儘量想使自身擴大的意識。

在這個強調自我行銷的年代，人往往會處心積慮地塑造自己，隱藏眞實性格，以完美的形象與裝扮出現在公眾面前，讓人無法立即透視。這時，不妨試著從對方的頭部與肩部進行觀察解讀。

頭部的各種動作是最明顯的一種性格語言，因爲我們看一個人，往往第一眼接觸到的就是對方的頭部。

頭部略微上抬的男性，顯得有精神和力量；頭部略低，平視前方的女人，則顯得溫柔文雅。

頭部的姿態也有許多含義，例如點頭等同贊同或允許，抬頭表示感興趣或有意投入，搖頭因爲否定或懷疑，垂頭則表示厭倦或精神萎靡，上仰表示驚訝或與遠處的人打招呼，交頭接耳代表心不在焉，搖頭晃腦顯示正處於自我陶醉，昂首側目表示剛毅不屈等等。

除了頭部外，肩部也能傳遞無聲的性格語言。

從身體語言的角度看，肩部動作可以表達的情緒有攻擊、威嚴、安心、膽怯、防衛……等。

美國的身體言語學者魯溫博士分析說，向後縮的肩膀表示因積壓不平、不滿而引起的憤怒，聳肩表示不安、恐怖；使勁張開兩手的肩膀代表了責任感強烈，向前挺出的肩膀代表責任重大引起的精神負擔等。

然而，不論情況如何，肩部均可特別視爲象徵男性尊嚴的部位。

此外，柔滑、狹小的肩膀屬於女性嬌媚的表現，但是，那也只是主張男女平等的「堅強女性」最爲崇拜的時尙，後來取而代之的，反而是強調「女人味」的「法國式時髦」。而這種演變的出現，是因爲女性們感到柔滑狹小的肩膀更能展示自己的形態美，就像男人需要寬厚的肩膀顯示威武一樣，女人也需要用自己的肩膀呈現嬌柔。

男人將大衣或西裝上衣搭在肩上走路，是因想在下意識之中體現「男性氣概」，這種男人通常不會彎腰駝背、衰弱無力，而是挺胸、邁開大步走著。

依此類推，在選舉期間，候選人披著紅布條，不單是想引起民衆注意，還有儘量想使自身擴大的意識。

凡此種種小動作，都是有趣的頭部與肩部語言。

別放過女性的腰部動作

身體的每一部份都有不同的作用，同時，也傳遞了不同的語言。若想了解他人的想法，就不該放過。

對於腰部傳遞的無聲性格和肢體語言，相對男性來說，女人的表現要微妙得多。女人的腰，是除了臀部和胸部以外的性感符號，常常以無聲的優美線條來表示不同意義。

線條和色彩是人類在有聲語言之外，最具表現能力的性格語言。

女人的腰，本身就是一個線條符號，蘊涵了多種意義。

• 彎腰

衆所周知，彎腰行禮是日本女人的見面語言。

彎腰形成的曲線是柔美的，溫順的，流暢的，從而形成光滑的外表，給人一種柔美溫和的感覺。

• 插腰

把兩手插在自己的腰上，正如同兩隻母雞鬥架的形象，這是一種雙向的對外擴張，表示出內心的憤怒和力量。

這種語言，一般的女人爲了顧及自己形象，通常不採用，當然也有相反的例子，但畢竟是少數。

• 仰腰

仰腰被稱爲女人的「無防備信號」，就像一座不設防的城市。如果女人坐在沙發裡，用仰腰的形式對著異性，一般的情況有兩種：一是對於眼前這個男人有絕對的信任、絕對的尊重，相信他不會對自己帶來傷害；二是一種勾引的招數，等同告訴眼前的男人：「請跟我來。」

・扭腰

扭動使腰呈現S型，這是性的象徵。凡是女人扭腰或者扭動臀部，都蘊含了招惹異性的信號。

這種語言，在從事某些特殊行業者身上，可經常看到。

・撫腰

若常常在沒有人注意時自我撫摸，可以解釋爲一種「自我安慰」行爲，同時也是「自我親切」的暗示。

身體的每一部份都有不同的作用，同時，也傳遞了不同的語言。若想了解他人的想法，就不該放過。

PART 4

語音，是人的第二種表情

在說話過程中，
人的內心感受會直接影響聲音，
而另一方面，
節奏也是內心活動的一種表現。

語言是讀人的關鍵

語言是測試心理距離的標準，假使對交情深厚的朋友，仍不免使用客套話，則很可能內心存有自卑感，或者隱藏敵意。

古人云：「言未出而意已生。」在現實生活中，有人常常是欲言又止，吞吞吐吐，實則內在的心理密碼已經洩露了眞實動機。

下面幾點，是透過語言而洞察人心的具體辦法：

1. 在正式場合中發言或演講的人，若一開始時就清喉嚨，多數是由於緊張或不安情緒所致。

2. 說話時不斷清喉嚨，改變聲調的人，可能還帶有某種焦慮。

3.有的人清嗓子，是因為對問題仍遲疑不決，需要繼續考慮。一般有這種行為者，男人比女人多，成人比兒童多。兒童緊張時常結結巴巴，或吞吞吐吐地說：「嗯」、「啊」，也有的總喜歡習慣性地反覆說：「你知道……」

4.故意清喉嚨則是對別人的警告，表達不滿情緒，意思等同於「如果你再不聽話，我可要不客氣了」。

5.口哨聲可以是瀟灑或處之泰然的表示，但有的人會藉此來虛張聲勢，掩飾內心的惴惴不安。

6.內心不誠實的人，說話聲音支支吾吾，是心虛的表現。

7.內心卑鄙乖張，心懷鬼胎者，聲音會陰陽怪氣，非常刺耳。

8.有叛逆企圖的人，說話時常帶幾分愧色。

9.內心漸趨興奮之時，就容易有言語過激之聲。

10.內心平靜的人，聲音也會心平氣和。

11.心內清順暢達之人，言談自有清亮和平之音。

12.誣衊他人的人閃爍其詞，喪失操守的人言談吞吞吐吐。

13.浮躁的人必定喋喋不休。
14.心中有疑慮、不定思想的人，說話會模稜兩可。
15.善良溫和的人，話語總是不多。
16.內心柔和平靜的人，說話如潺潺流水，平柔和緩，極富親和力。

如何從一個人語言的密碼中解讀對方的心態呢？閒談是一種比較好的方式，因爲大多是在輕鬆愉快的氛圍下進行，可使對方卸下防備。

第二次世界大戰中期，東條英機出任日本首相。此事是秘密決定的，各報記者都很想探得內幕，竭力追逐參加決定會議的大臣採訪，卻一無所獲。這時候，有位記者研究了大臣們的心理，得出結論：他們不會說出是誰出任首相，但假如問題提得巧妙，就會不自覺地露出某種跡象，有可能探得秘密。

於是，他向一位參加會議的大臣提了一個問題：此次出任首相的人是不是禿頭？因爲當時有三名候選人，一是禿頭，一是滿頭白髮，一是半禿頂，而半禿頂者就是東條英機。

因爲是看似無意的閒談場合，這位大臣沒有仔細考量到保密的重要性，雖然未直接說出具體答案，但聰明的記者，從大臣的短暫思考，就推斷出最後的答案。因爲對方在聽到問題之後，一直思考者牛禿頂是否屬於禿頭的問題。這名記者成功地從隨意的閒聊中，套出了自己需要的獨家新聞。

與人談話時，一些見識淺薄，沒有心機的人，會很容易地把自己的不滿情緒傾訴給你聽。對於這種人，切記不應和他維繫更深更多的交往，只需當作普通朋友就行了。

假如明明相識不久，交情一般，對方卻忙不迭地把心事一股腦兒地傾訴給你聽，並且一副苦口婆心的模樣，這在表面上看來或許很容易令人感動，然而轉過頭來他很可能又向其他人做出同樣行爲，說出同樣的話。這種人完全沒有誠意，絕不是可以進行深交的對象。

由於對一切事物都沒有什麼深刻的印象，所以千萬不要輕信他所說的話，最好不表示任何意見，只須稍加敷衍就夠了。

還有一類人惟恐天下不亂，經常喜歡散佈傳播所謂的內幕消息，讓別人聽了以後感到忐忑不安。他們之所以這樣做，目的只是爲了引起別人的注意，滿足一下不甘久居人下的虛榮心。

事實上，他們並不是心地太壞的人，一旦久被壓抑的虛榮心獲得滿足，也就消停無事了。

還有一種人，表現出支配者形態，談話從不涉及自己的事或身邊的人，反而總是涉及別人的瑣事，或對方的私事秘聞，甚至連一舉一動或每條花邊新聞都捏著不放手，完全徹底地侵犯了他人的隱私。

像這樣的人，非常喜歡把話題重點放在跟自己完全無關的人、名人、歌舞影星的花邊新聞軼事上，說明了內心存在支配的慾望。這種人必定是個沉迷於閒談名人或明星風流事，很難擁有眞正的知心朋友。

這類人或許是因爲內心世界很孤獨，欠缺激情。一個人過於關心自己不太

熟悉的事情，並且十分熱心加以談論，正表示了內心世界的孤獨和空虛。

在現實生活中，還有如下的一種人，無論在何種場合，與別人交談時，都愛把話題引到自己身上，吹噓當年如何如何的經歷，唯恐別人不知道過往的光榮歷史，但結果往往並不像想像得那樣好。

其實，從某個方面分析，可以發現他們必定是對現實不滿的人，雖然不是用怨恨的語言傾訴想法，而是以自我吹噓的方式表達。

事實上，他們根本不知道自我吹噓的言談，只證明了自己是不折不扣的失敗者，完全靠懷舊來過生活。

這種人明顯陷入慾求不滿中，可能是升遷途徑遭受阻礙，或者無法適應目前環境，希望忘卻眼前的現實，藉追尋往事來彌補現在生活的不美好。

這是一種倒退的現象，因爲眼前的情況是如此的殘酷，所以用夢幻般的表情來談過去。藉由談話，別人會發現他們內心深處正潛伏著一股無可救藥的、慾求不滿的情結。

分析人的內在表現，可了解一個事實：潛在慾望不但隱藏在話題裡，也存在於話題的展開方式上。

在聚會上，大家彼此正在交談時，突然有人不顧別人的感受，冒失地插進毫不相干的話題，必定是相當令人討厭的行爲。

有的人在和別人談話時，經常把話題扯得很遠，讓對方摸不著頭緒，或者不斷地變換話題，讓別人覺得莫名其妙。這說明這種人有著極強的支配慾和自我表現意識，在他的意識中，很少把別人放在眼裡，完全擺出我行我素的模樣，期望所有人都聽從自己的主張，以自己的意見爲主導。

一般說來，政府官員或企業領導階層，都會有滔滔不絕談話的習慣，其實，透過這種表面現象，可以看出他們擔心大權旁落的心理狀態。也可以說，這必定是喜歡佔據優勢地位的人。

話題的內容不斷變化固然是個好現象，但談得離譜，一切都顯得毫無頭緒，

那就會使聽眾感到索然無味。假如總談些沒有頭緒的話題，或者不斷改變話題，東拉西扯，那就表示思想不集中，只能讓別人留下支離破碎的印象，缺乏理性且整體的思考。

一個優秀的談話者，很少談及自己，而是將對方引出的話題加以分析、整理，不斷地從對方身上吸取更多知識和資訊。在一般情況下，有的人將全部注意力放在傾聽對方的談話上，從性格上講，這一類型的人很想理解別人的心思，而且有寬容的心態，是眞正的君子風度。

經常使用如「嗯……還有……」、「這個……」、「那個……」等詞語的人，表示說話不能有條理地進行，思考無頭緒，無條理。但即使同樣使用連接詞，使用「但是……」、「不過……」的人，一般則認爲思考力較強，在講話同時，腦子裡還會浮現相對語以資過濾求證。

所謂能言善辯、頭腦敏銳，就是指此類型的人。

但是如果此種語調反覆出現多次，理論也隨之翻來覆去，就可能不知不覺

中被牽著鼻子走，失去了支配之力。

經常使用這種表現手法的人，大都比較愼重，也正是因爲如此，說話難免時斷時續，只好隨時重新整合，才可以繼續下去。

說穿了，這也可能是一種缺乏自信心的表現。

在人際關係中，最容易被解讀出密碼的語言，就是客套話。客套話的存在，是社會發展的必然結果，但是要運用恰當，否則過分牽強、不自然，反倒說明此人別有用意。

客套話的反面是粗俗話，一些人會對自己心儀之人冒出隨意的言語，以示雙方關係已非同一般，製造出親密的假象。

在毫無隔閡的人際關係中，並不需要使用客套話。不過，當在此種親密的相處中，突如其來地加入客套話，就必須格外小心。很多時候，男女朋友之中的某一方，忽然使用異乎尋常的客套話，其實就是心裡有鬼的徵兆。

用過分謙虛的言詞談話，則表示了強烈的嫉妒心、敵意、輕蔑、警戒等情緒。語言是測量雙方情感交流心理距離的標準，客套話使用過多，並不見得完全表示尊敬，往往也可能含有輕蔑與嫉妒情緒，同時，在無意中將他人與自己隔離，具有避免被侵犯的用意。

某些都市人說話很客氣，可以說是禮貌，但從另一個角度看，也是一種強烈排他性的表現。因此，往往無法與人熟悉，容易給人冷淡的印象。以此類推，假使對交情深厚的朋友，仍不免使用客套話，則很可能內心存有自卑感，或者暗藏敵意。

喜歡引用名人用語和典故的人，一般來說大部分都屬於權威主義者，不但使用別人的語言來表達自己的意思，而且還流露自我擴張的表現慾。

有人開口閉口就愛抬出一大堆晦澀難懂的用語或外文，事實上，這只是用語言來防衛自己弱點，這樣做無非是爲加強說話的分量，同時也表示自己的見多識廣，意圖抬高身份並擴大能造成的影響。

語音，是人的第二種表情

在說話過程中，人的內心感受會直接影響聲音，而另一方面，節奏也是內心活動的一種表現。

語音，是人的第二種表情。

心理學家一致認爲：「人的表情有二，一是表現在臉上的表情，二是表現在言談中的表情。」聽一個人的言談，即可大致瞭解心理狀態。

一般說來，言談足以表現出一個人的態度、感情和意見。固然，內容是表現的因素，但速度、語調、抑揚頓挫，以及潤飾等，也足以影響談話內容及效果。我們往往在無意中，會經由這些因素，傳達出所謂的言外之意，聽者也可設法從中更深一層瞭解對方的心思。

有的人說話可能帶有弦外之音，但是只要仔細捉摸，便不難看出端倪，瞭解真正意圖。

在說話過程中，人的內心感受會直接影響聲音，另一方面，節奏也是內心活動的一種表現。

聲音不但能與氣結合，也和音樂相呼應，更可隨內心變化而變化，因此：

內心平靜，聲音也就心平氣和。

心境清順暢達時，就會有清亮和暢的聲音。

情緒漸趨興奮之時，就有言語偏激之聲。

如此，就可以透過聲音判斷一個人的內心世界。有關這方面的知識，《逸周書·視聽篇》講到的四點頗值得研究：

內心不誠實的人，說話聲音支支吾吾，這是心虛的表現。

內心誠信的人，說話聲音清脆且節奏分明，這是坦然的表現。

內心卑鄙乖張的人，心懷鬼胎，因此聲音陰陽怪氣，非常刺耳。

內心寬宏柔和的人，說話語調溫和似水，好比細水之流，舒緩有致。

平時與人交談，可以從對方的聲音判斷出性格。那麼，在「只聞其聲，不見其人」的電話裡，又該怎麼透過聲音斷定更多訊息呢？

外向型的人，一開口說話聲調富節奏感，給人爽朗而活潑的感覺，雖然速度快了一些，但是能夠很快地說明打電話的用意。這種外向型的人，在有事商談時，都希望面談的時間越快越好，至於見面的地點，也會配合著對方的意思，迅速做出決定。

內向型的人在開始的「喂……喂……」時，就讓人覺得聲音低沉而混濁，好似在打探對方的情緒似的。如果你回答「您有什麼事情」時，他往往會一時語塞，然後再以緩慢的口吻開始打招呼，且聲音細小，很難聽清楚。

「您有什麼事情嗎？」即便你加強語氣詢問，他也不會立刻言歸正傳，「話頭」特別冗長，非常懂得禮節，噓寒問暖，很是周到。

此外，這種人說話的內容也很冗長，時常反覆，常常很關心對方的事情，儘量使用一些恭敬的詞句與他人交談，至於自己的事情則暫時擱下來，因爲一拖再拖，當然就浪費掉很多時間。

有的人會在三更半夜打電話，只因爲：「如果不確定一下，我根本就睡不著……」常常拘泥於細微的事情，以致整個頭腦塞得滿滿，卻從不考慮時間是否適當，以及對方是否方便，造別人的困擾。

另外，在電話中，內向型的人要比外向型的人問話更爲細緻。

古人說「察言觀色」，在看不見表情時，聲音就是了解一個人的方法。

口頭禪最能看出個性

想透過口頭禪言更完整地觀察、瞭解和判斷一個人，就必須在日常生活與人交往中仔細、認真地揣摩、分析，才能收到良好的效果。

口頭禪是人在日常生活當中由於習慣逐漸形成，具有鮮明的個人特色。在互動過程當中，絕大多數人都有使用口頭禪的習慣，透過它，可以對一個人進行觀察和瞭解。

以下，分析幾種常見口頭禪的象徵意義：

一般來說，經常連續使用「果然」的人，多自以爲是，強調個人主張，以自我爲中心的傾向比較強烈。

經常使用「其實」的人，自我表現慾望強烈，希望能引起別人的注意，大多比較任性倔強，並且多少帶點自負。

經常使用流行辭彙的人，熱衷於跟隨潮流，而且喜歡浮誇，比較缺少個人主見以及獨立性。

經常使用外來語言和外語的人，虛榮心強，好賣弄、誇耀自己。

經常使用地方方言，並且還中氣十足、理直氣壯的人，自信心很強，有屬於自己的獨特個性。

經常使用「這個……」、「那個……」、「啊……」的人，說話辦事都比較小心謹慎，一般情況下不會招惹是非，是個好好先生。

經常重複著「最後怎麼樣……怎麼樣……」之類辭彙的人，大多是導因於潛在慾望未能得到滿足。

經常將「確實如此」掛在嘴邊的人，多半淺薄無知，但自己卻渾然不覺，還常常自以爲是。

經常使用「我……」之類辭彙的人，若不是軟弱無能想得到他人的幫助，就是虛榮浮誇，渴望尋找各種機會強調自己，以引起他人注意。

經常使用「眞的」之類強調辭彙的人，多缺乏自信，生怕自己所言之事可信度不高。可惜越是這樣，越會造成欲蓋彌彰的效果。

經常使用「你應該……」、「你不能……」、「你必須……」等命令式詞語的人，多專制、固執、驕橫，但卻充滿了自信，有強烈的領導慾望。

經常使用「我個人的想法是……」、「是不是……」、「能不能……」之類辭彙的人，一般較和藹親切，在待人接物時，能做到客觀理智，冷靜地思考、認眞地分析，然後才做出正確判斷和決定。

有這種口頭禪的人，一般不獨斷專行，能夠給予其他人足夠的尊重，反過來也會得到尊重和愛戴。

經常使用「我要……」、「我想……」、「我不知道……」的人，多思想

單純，愛意氣用事，情緒不是特別穩定，有時讓人捉摸不定。

經常使用「絕對」這個詞語的人，武斷的性格顯而易見，他們要不是太缺乏自知之明，就是太自以爲是。

經常使用「我早就知道了」的人，有強烈表現慾望，只希望自己是主角，自由發揮，但對於他人卻缺少相對耐性，很難做合格的聽衆。

另外，常把口頭禪掛在嘴邊的人，大多辦事不幹練，缺乏堅強的意志。有些人，說話時沒有口頭禪，並不代表從未有過，可能以前有，但後來逐漸地改掉，這顯示出個人意志力的堅定和追求說話簡潔、流暢的精神。

若想透過口頭禪言更完整地觀察、瞭解和判斷一個人的性格，就必須在日常生活與人交往中仔細、認眞地揣摩、分析，才能收到良好的效果。

從對方的話語取得有用的訊息

對他人的評價總是表面一套，背地又一套，當面奉承表揚，背後謾罵、詆毀，說明這個人極度虛偽。

談話是我們的日常生活中不可缺少的重要活動，任何一件事物都可以成爲談論的話題。

雖然不是非常直觀地說出自己、透露出自己，但隨著談話的進行，談話的人會在不知不覺、有意無意當中暴露出自身性格。在這個過程中，注意談論內容是什麼，談論者的神態和動作如何，細心一點，一定會獲得有益的收獲。

一個常常談論自己，包括曾有的經歷、自我的個性、對外界一些事物的看法、態度和意見等等的人，一般來說，性格多比較外向，感情色彩鮮明且強烈，主觀意識濃厚，愛表現和公開自己，多少帶點虛榮。

與此相反，如果一個人不經常談論自己，則說明這個人的性格比較內向，感情色彩不鮮明更不強烈，主觀意識比較淡薄，不太愛表現、公開自己，比較保守，多少有自卑心理。

另外，這種人可能有很深的城府。

如果一個人在談論某一件事情的時候，只是單純地敘述，不加入過多自我感情色彩，而是將自己置於事外，則表明這個人比較客觀、理智，情感比較沉著穩定，不會有過激行爲。

相反，一個人在敘述某一件事的時候，自我感情非常豐富，特別注意個別細節，則說明這個人感情比較細膩，可能因刺激一觸即發。

如果一個人在說話時，習慣進行因果和邏輯關係的推理，給予一定的判斷和評價，說明本身具有很強的邏輯思維能力，比較客觀且注重實際，自信心和主觀意識都相當強，常會將自己的觀點強加於他人身上。

如果一個人的談話屬於概括型的，非常簡單，但又準確到位，注重結果而不太在意某個細節過程，平時關心也多是宏觀的大問題，則顯示出這個人具有一定的管理和領導才能，獨立性較強。

如果一個人談話非常注重過程中的某個細節，對局部的關心要多於對整體的關注，則表明這個人適合於從事比較具體的工作。這類型的人支配他人的慾望不是特別強烈，較能服從於上級。

一個人談論的內容若多傾向於生活中的瑣事，表明是屬於安樂型的人，注重享受生活的舒適和安逸。如果經常談論國家大事，代表視野和目光比較開闊，而不只是侷限在某一個小圈子裡。

一個人如果喜歡暢談將來，則十有八九是一個愛幻想的人，這類人有的能將幻想付諸行動，有的卻不能。要是能注重計劃和發展，實實在在地去追求理

想，很可能會取得一番成就，但若只是停留在口頭空談，最終必定會一事無成。

談話時，比較注重自然現象的人，生活一定很規律，爲人處世也非常小心謹愼。經常談論各種現象和人際關係的人，可能在這方面頗有心得。

不願意對人指手畫腳，進行評論的人，偶爾必須發表自己的看法之時，當面與背後言辭也多會保持基本一致，說明了個性的正直且眞誠。

對他人的評價總是表面一套，背地又一套，當面奉承表揚，背後謾罵、詆毀，說明這個人極度虛僞。

有些人不斷地指責他人的缺點和過失，目的是透過對比來提高自己。

有些人在談話中總是把話題扯得很遠，或者不斷地轉變話題，代表思想不夠集中，而且缺少必要的寬容、尊重、體諒以及忍耐。

用心傾聽他人的話語，你會從中得到很多有用的訊息。

從言談速度看心理狀態

內心有不安或恐懼情緒時，言談速度的確會變快，想憑藉快速講述不必要的多餘事情，排解隱藏於內心深處的負面情緒。

說話速度快的人，大都能言善辯；速度慢的人，則較爲木訥。這是每個人固有的特徵，只不過因性格與氣質而異。鍛鍊讀心術要注意的，便是如何從與平時相異的言談方式中瞭解對方心理。

平日能言善辯的人，有時候會忽然結結巴巴地說不出話來；相反地，平時木訥講話不得要領的人，也可能滔滔不絕地高談闊論。遇到這種情況，必定發生了什麼問題，應該小心、仔細觀察，以防意外。

大體而言，當言談速度比平常緩慢，表示不滿對方，或對對方懷有敵意；相反的，當言談的速度比平常快速，表示自己有短處或缺點，心裡愧疚，談話內容有虛假，想要儘快帶過。

從心理學的角度來看，一個人的內心有不安或恐懼情緒時，言談速度的確會變快，想憑藉快速講述不必要的多餘事情，排解隱藏於內心深處的負面情緒。但是，由於沒有充分的時間讓他冷靜，所談話題內容空洞，遇到敏感的人，便不難窺知心理的不安。

中國名企業家柳傳志就是一位分辨語速的高手，在聯想電腦面臨生死關頭的時候，他召開了一次董事會議，敏銳地發現了下屬在發言中吞吞吐吐，全沒有企業家應有的風度。他估計有軍心渙散的趨勢，立刻宣佈散會，接著便展開緊急調查，對症下藥，及時挽回了可能發生的重大變故。

身處現代職場中，若你是一位管理人員，對工作場合發生語音上的反常行動，一定要投以密切的注意。

控制音調對前途很重要

言談之中，還有語調的抑揚頓挫，對一個人帶給他人的外在感受非常重要，甚至有時也能決定人的前途沉浮。

與說話速度一樣可以呈現特徵的，便是音調。

知名音樂家蕭邦曾在一家雜誌專欄中敘述道：「當一個人想反駁對方的意見，最簡單的方法就是拉高嗓門——提高音調。」

的確如此，人總是希望借著提高音調來壯大聲勢，並藉以壓倒對方。

音調高的聲音，是幼兒期的附屬品，是任性表現形態之一。一般而言，年齡越大，音調會隨之相應地降低。而且，隨著一個人精神結構的逐漸成熟，便

具備了抑制「任性」的能力。

但是，有些成人音調確實相當高，這種人的心理，很可能倒回幼兒階段，因此無法抑制任性的表現。

在這種情況下，他們絕對不可能接受別人的意見。

言談之中，還有語調的抑揚頓挫，對一個人帶給他人的外在感受非常重要，甚至有時也能決定人的前途沉浮。

明朝成化年間，兵部左侍郎李震業已服孝滿三年，至盼能升至兵部尙書，恰好這時兵部尙書白圭被免職，機會難得。不料，朝廷竟命令由李震的親家、刑部尙書項忠接任。

滿懷希望的李震大爲不滿，忍不住對他的親家埋怨說：「你在刑部已很好了，又何必鑽到此處？」

過了些天，李震腦後生了個瘡，仍勉力朝參，同僚們戲語說：「腦後生瘡因轉項。」意指項忠從刑部轉官而來，讓他腦後長瘡。

李震回答說：「心中謀事不知疼。」仍然汲汲於功名，不死其心。

其實，李震久不得升遷，是因爲聲音的變化影響了皇帝對他的印象。在皇帝看來，忠臣奏朝章往往能朗朗而談，而奸臣則聲音低沉而險惡，李震的聲音歷來沙啞不定，給人不可靠的感覺。他素患喉疾，每逢奏事，聲音低啞，始終爲憲宗皇帝所惡。

與李震一殿爲臣的鴻臚寺卿施純，聲音洪亮，又工於詞令，在班行中甚是出衆，憲宗便大爲欣賞，因而升官的事自然與李震無緣。

這雖然是一個發生在封建時代的極端例子，但正好深刻說明了音調對外在印象的重大影響。

不同風格服飾傳達了不同訊息

藉由服裝讀人時應該注意的一點，就是服裝隨時都可能變化，因為每個人都有各自喜愛的衣著形式、色調以及質料等等。

衣著服飾是一個人性格特徵和內在氣質的展示，從著裝的色彩選擇，可以看出個人的性格特徵和心理動向。

「服飾是第二層膚色」，也是瞭解他人的重要途徑。

人總是試圖掩飾赤裸裸的自我，但衣著往往又使得內心想法暴露於外。在心理學中，稱此種情況爲「自我延伸」，根據這個理論，服裝與裝飾品的裝扮，在在使得內心世界更顯裸露。

生活中，經常可以看到某些人的穿著和本人年齡或身份不諧調，對於這類人，透過服飾心理學可以理解，他們往往是有意而爲之。

譬如，不少企業家和社會名流，喜歡穿深藍色粗直條紋的衣服，這並不是巧合。他們之所以這樣穿著，無非是盡可能地誇大自己的社會影響力，藉服裝上表現優勢的心理趨向。

由於藍色是具有安定感的顏色，如此裝扮自己，在自我表現的同時，也顯示了自身在社會的穩定地位。

有些人完全無視本身條件與愛好，僅是著眼於「流行」，一味地趕時髦。這種人大都有著很強的不安全感，情緒也不穩定。

相反的，對於所謂的流行毫不在乎的人，個性較爲堅強，不過也有很多是由於某種原因，把自己關在象牙塔裡，深恐被他人「同化」而失去自我。與這種人同事共處，往往會因小事而產生齬齟。

此外，還有處於兩者之間的類型，而且這種類型的數量比以前大爲增加，屬於較適度自我主張者。

藉由服裝讀人時應該注意的一點，就是服裝隨時都可能變化，因爲每個人都有各自喜愛的衣著形式、色調以及質料等等。

所以，許多時候，我們會碰到隨時改變所好、讓人無法瞭解眞正喜好的服裝爲何的人。這種人的情緒大都不穩定，或者也可能希望脫離單調的工作，過著富於變化的生活，試圖生逃避現實的表現。

還有一種人，本來一直穿著特定格調的服裝，可是，突然穿起完全不同風格的服裝。這種人大多數是因爲在物質或精神方面遇到重大刺激，使思維方式受到影響衝擊，外表也表現出重大改變。

在日常生活中，有的人喜歡穿顯眼的華麗服裝，有的人卻喜愛樸素的衣服，這都多少彰顯了不同的心理。

喜歡華麗服裝的人，自我表現慾特別強烈，但是假使華麗程度太過分的話，就成了所謂的奇裝異服了。一般而言，穿著這種服裝的人，除了自我表現慾強烈之外，獲取金錢的動機也很強烈。

有些人經常打著原色領帶，這種類型的人自我意識極強，一切順利的話，可成大器，是較突出的人物。

喜歡穿樸素服裝的人，習慣於順應體制，大都缺乏主體性。

另一種與服裝的選擇密不可分者，就是所謂的流行與心理的關係。法國啓蒙思想家伏爾泰，曾經將「流行」比喻爲「善變而煩人的女神」。當然，有不少人極容易受這位「女神」的誘惑，但也有完全不在乎的人。一般說來，女人在意流行，而且較容易受流行的影響，這是源於女人特有的氣質，心理學上稱之爲「同調性」。

不過，現在追求流行的男人已顯著增加，可能是對自己缺乏信心的表現，試圖藉衣著轉換對他人的印象，等同對自卑感的補償。

選擇對的飾品才能展現自己

購買飾品時，或者看見他人配戴飾品，不妨多用點心思觀察、思索、印證，捕捉其中傳遞的訊息。

一個人究竟該選擇什麼樣的飾物，才能與自己的個性匹配？只有彼此相互吻合，才能達到最好的效果。所以透過佩戴的飾物，往往能觀察出一個人的性格。

喜歡戴手鐲的人，多半用精力充沛，很有朝氣和活力。他們比較聰明、有智慧，並且具某一方面的特長。這種人頗有理想，知道自己的目標是什麼，即使有些時候感到迷茫也不會放棄，而是在行動過程中持續探索。

手是展示手鐲的必要載體，展示過程當中，人與人可以進行情感的溝通。

喜歡戴耳環的人，自我表現慾望比較強，渴望向他人展示自己的價值和地位、身分，吸引他人的目光，非常在意周遭的人對自己持怎樣的態度。

戒指相對來說是一種比較普遍的飾物，往往是個人品味、社會地位和經濟狀況的象徵。選擇的戒指和戴戒指的手指，可以代表一個人的價值觀。戒指戴在小拇指上非常生動，代表這個人喜歡燦爛華麗；戴在食指上，表示個性率直、堅強，戴在中指上則代表傳統和均衡。

講究衣著，重視整體的搭配的人，常常會配一枚胸針，這樣的人相當重視自己在他人眼中的形象。在爲人處世方面多比較小心和謹慎，不會貿然地做出某種決定；有一定的疑心，不會輕易地相信某一個人，即使是對非常要好的朋友，也會有所保留。他們希望自己能夠引起他人的注意，但又總是習慣用謙虛的態度掩飾這種心理。

喜歡用珠寶當做裝飾品的人，很多時候並不是爲了突出表現自己的個性，而是爲了配合整體造型，達到相對和諧的印象。這樣的人自我表現慾望不是太強烈，他們更在乎的是融入到某種氛圍當中，與其他人打成一片。

喜歡佩帶體積大、燦爛醒目珠寶的人，多愛招搖和賣弄，無論走到哪裡，總會吸引許多人的目光。他們比較熱情，容易將情緒傳染給其他人，生性比較積極樂觀，喜愛幻想。

喜歡佩戴體積小而又不太顯眼的珍寶首飾的人，多半謙虛而又穩重。他們的內心多十分平靜，在任何事情面前都能保持泰然自若的態度。他們不太希望引起他人的注意，隨便、自然一些反倒更好。

選擇的裝飾品若具有很濃厚的民族風格，一般來說個性相當鮮明，總是有自己獨特的思維和見解。

下次購買飾品時，或者看見他人配戴飾品，不妨多用點心思觀察、思索、印證，捕捉其中傳遞的訊息。

PART 5

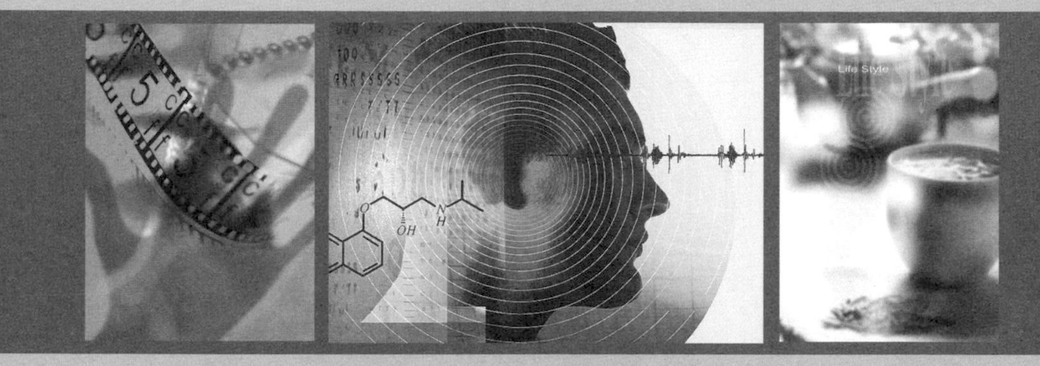

透過顏色洞察性格

顏色就像密碼，用一種不同於語言的方式，
幫性格和想法說話，傳遞訊息。
透過一個人對顏色的喜愛，
可以觀察出他的性格和心理。

透過顏色洞察性格

顏色就像密碼，用一種不同於語言的方式，幫性格和想法説話，傳遞訊息。透過一個人對顏色的喜愛，可以觀察出他的性格和心理。

很多時候，造成我們在交際場合判斷錯誤或遭遇挫敗的，並不是別人的刻意僞裝，而是我們自己不具備基本的識人概念。

其實，只要懂得從一個人對顏色的偏好進行科學性的分析，就可以大致解讀一個人潛在的性格密碼。

每個人都有自己偏好的色彩，就跟有喜愛的食物一樣。

紅色是刺激性較強烈的色彩，象徵著燃燒的願望。喜歡紅色的人多精力充沛，感情豐富，爲人熱情而奔放。

黃色是健康的色彩，意味著健康、單純、明麗，喜歡黃色的人大多屬於樂天派，熱愛生活，做事瀟灑自如，精力充沛，身心健康。

綠色是令人感到穩重、安適的顏色，喜歡綠色的人的性情多較平靜，充滿了希望和樂觀。

這一類型的人，也多具有積極向上的心理以及青春的活力。

藍色本身是一種不容易令人產生遐想的色彩，喜歡這種顏色的人多半嚴肅深沉，平時態度比較安定，遇事能保持鎮定自若。

紫色是寒色系的代表，象徵了權力，表現著貴族意味。喜愛紫色的人多有多愁善感、焦慮不安的性格傾向。

白色是潔淨卻會產生膨脹感的顏色，象徵純眞、樸素、神聖。喜愛白色的人個性多比較單純，但有一定的進取心。

黑色是代表死亡的色彩，比較壓抑、消極，但也顯得高貴，能隱藏任何缺點。喜愛黑色的人多顯得小心謹慎，經常會將熱情壓在心底。

褐色是安逸祥和的顏色，喜歡褐色的人多比較安靜，不具太大野心，比較滿足於平平安安、沒有紛爭的生活。

翠綠色給人的感覺比較清爽明快，喜歡翠綠色的人通常與常人有很多不同之處，他們屬於生來比較高雅、清高的類型。

一般而言，人在服裝色彩選擇上，都與自身個性有關係，做出的決定必然與當時的心理活動狀態有著一定聯繫。所以，透過一個人對顏色的喜愛，可以觀察出他的性格和心理。

這就是顏色獨一無二的「語言」。

顏色如同密碼，用一種不同於口語的方式，幫性格和想法說話，傳遞訊息。

從髮型可以看穿個性

個性不同，髮型自然不同。即便遇到陌生人，也能大致從髮型判斷個性，使自己在人際交流上無往不利。

我們經常可以從各大媒體上看到演藝人員各種各樣稀奇古怪的髮型，那無疑是一種個性的張揚。

事實上，不同的髮型往往充分表示人的不同個性，只要仔細觀察，不難發現這點，在互動之時加以運用。

男性不管是留長髮、剃光頭，或是其他顯得特別的髮型，必定有個普遍的共同點，就是標新立異，想別出心裁突顯自己，增加自身的魅力。

與男性相比，要研究分析女性的髮型，則更加複雜。

女性若留著飄逸的披肩髮，看來比較清純、浪漫；若留的是齊耳的短髮，則顯得天真活潑，無憂無慮；燙成捲髮，則會讓這個人感覺起來有青春的活力，或多或少帶些野性。

女性若把頭髮梳得很短，讓它保持順其自然的狀態，說明這個人比較安分守己，甚至是封閉保守的；如果把頭髮梳理得很整齊，但並不追求某種流行的款式，則說明她可能是比較含蓄，但有較強烈的自主意識的人；在自己的髮型上投入很多的精力，力求達到精益求精的程度，那就說明這是一個自尊心比較強，追求完美，愛挑剔的人。

頭髮像鋼絲，又粗又硬，而且還很濃密，這樣的人疑心病比較重，不會輕易相信別人。他們最相信的人就是自己，凡事都要自己動手，操縱和掌握一切，才覺得放心。

這樣的人做事很有些魄力，組織能力也比較強，具有一定的領導才能。此

種類型的人，理性的成分大大地多於感性，一旦涉及感情方面的問題時，往往會顯得較爲笨拙。

頭髮很粗，但色澤淡，質地堅硬，很稀疏，這類型的人自我意識極強，剛愎自用，往往聽不進去別人半句話。他們不甘心被人管理，渴望能夠駕馭別人，生來比較自私，缺乏容人的度量。一般來說，這一類型的人，頭腦還算聰明，可是目光較爲短淺和狹窄，只專注於眼前，看不到長遠的利益，多不會有多大的成就。

頭髮柔軟，但卻極稀疏，這類型的人，自我表現慾望一般來說比較強。喜歡出鋒頭，更愛與人爭辯，試圖以此吸引他人的目光，獲得他人的關注。

他們一般都自負，妄自尊大，很少把他人放在眼裡，儘管自己在某些方面表現得相當糟糕。

他們在做事的時候，缺少必要的思考，常會做出錯誤的判斷，而且還容易疏忽和健忘，典型的眼高手低。

頭髮濃密粗硬，卻能自然下垂，這種人從外形上來看，多半比較肥胖，也顯得比較慵懶，不喜歡活動，但是他們的心思多半縝密，往往能夠觀察到特別細微的地方。

他們的感情比較豐富，易動情，對情感較難專一。

下面所說的類型，則是針對男性朋友而言的：

頭髮和鬍鬚連在一起，又濃又粗，這種類型的男性，給人的第一感覺往往是慓悍、強壯的。此外，他們還顯得比較魯莽，性格豪放不羈，有俠義心腸，喜歡多管閒事，好打不平，多半不拘於小節。

頭髮淡疏，粗硬而捲曲，這類型的人思維比較敏捷，善於思考，有很好的口才，能夠輕易地說服別人。他們的性格彈性比較大，可以稱得上是能屈能伸，不論處於何種環境，都能適應。但他們的屈和伸，又是在堅守一定的原則和基礎上進行的，無論外在事物價值如何變遷，形式如何變化，內在還是有一些穩定不變的東西。

頭髮濃密柔軟，自然下垂，這一類型的人性格大多比較內向，話語不多，善於思考。從某種程度上說，他們具有很強的耐性和韌性，也因此從事的事業多半與藝術方面有關。

頭髮自然向內捲曲，如燙過一樣，這一類型的人脾氣比較暴躁，而且疑心比較重，總是患得患失地在猶豫和矛盾中掙扎。除此之外，嫉妒心相當重。髮根彎曲，髮梢平直，這一類型的人自我意識比較強，厭惡被人約束和限制，不會輕易地向他人妥協。

頭髮長長直直的，看起來顯得非常飄逸和流暢，這種人的性格大多界於傳統與現代之間，既含蘊世故，又大膽前衛，視情況而調整。他們通常有很強的自信心，對成功有迫切渴望。

頭髮很短，看起來很簡潔的人大多野心勃勃，生活總是被各式各樣的事情佔據著。他們內心很想把所有事情做好，但實際上什麼也做不好，因爲缺少必要的責任心，遭遇困難挫折的時候往往選擇逃避。不過，他們做事時，多半能將準備工作做得很細緻。

熱衷於波浪型捲髮的人，對流行比較敏感，大多很在乎自己外在的形象，並且知道怎樣才能使一切協調，以達到最佳效果。

他們比較現實，絕大多數時候，能夠根據客觀現實，協調和改變自己。他們也能夠把握自己的命運，會積極主導自己的生活，使一切事都符合要求。

喜歡蓬鬆及前端梳得很高的髮型的人比較保守，還帶點固執，或者也可以說是執著。一旦他們喜歡上一件東西，認準某一件事物，絕大多數的情況下，都不會再輕易地改變自己的想法及觀念。

故意把髮型弄得很怪的人，表現慾望很強烈，希望自己能夠吸引更多的目光，經常不考慮他人的心情和感受，有什麼話就說什麼話。他們對任何一件事情都有自己獨特的見解和認識，並且始終堅持自己的立場，很有魄力，敢與同權勢力對抗，不屈不撓。雖然這種人的行爲有時顯得讓人難以接受，卻仍能得到不少人的尊敬。

喜歡平頭的人，男子漢的味道更濃一些，他們討厭娘娘腔，對具骨氣的人十分有好感。他們自己本身看似缺乏溫柔，但實際上也有細心的一面。他們的思想，相對而言比較保守和傳統的，也很在乎自己在別人面前的表現。

喜歡剃光頭的人，多半是在努力營造自己留給別人的印象。這樣的人很容易給人神秘感，讓人猜不透他們心裡在想些什麼。

個性不同，會喜歡的髮型自然不同，從髮型判斷一個人的性格，有著某種程度的參考價值。即便遇到陌生人，也能大致從他的髮型判斷出個性，使自己在人際交流上取得優勢無往不利。

從領帶打法認識男人

領帶的作用是使男人更加溫文爾雅，小小一條領帶，卻有大大的學問，這就是服飾風格的無聲語言。

西裝是男性服飾中的重要角色，領帶則是西裝最重要的裝飾物，作用類似於女士的絲巾。

男人的行事原則和人品秉性，也會展現在領帶的打法與顏色的搭配上。只要仔細觀察周遭男人的領帶，便不難發現一些蛛絲馬跡。

• 領帶結又小又緊的人

這種男人身材瘦小枯乾，因而有意憑藉小而緊的領帶結，讓自己在他人匆

忙的一瞥時顯得「高大」一些。如果自身並無體形的困擾，則是在暗示他人最好別惹他們，他們絕對不會容忍別人對自己有半點輕視和怠慢，這是氣量狹小的表現。在日常生活和工作中，他們總是謹言慎行，疑心甚重，因此養成了孤僻離群的性格。

他們凡事大多先想到自己，熱衷於物質享受，對金錢很吝嗇，一毛不拔，幾乎沒有什麼人願意和他們交朋友。即便如此，他們仍樂於一個人守著自己的陣地，孤軍奮戰。

• 領帶結不大不小的人

先不考慮領帶的色彩和樣式，也不管長相和體形如何，打上這種領帶結的人，大都容光煥發，精神抖擻。他們可以從中獲得心理上的鼓舞，不知不覺會在與人交流的過程中注重自己的言談舉止，不管本性如何，都顯得彬彬有禮，不輕舉妄動。

由於認識到領帶的作用，他們在打領帶的時候常常一絲不苟，把領帶打得恰到好處，給人良好的視覺感受。他們安分守己，會把大部分的精力投注到工作當中，勤奮上進。

• 領帶結既大又鬆的人

領帶的作用是使男人更加溫文爾雅，但將領帶打得既大又鬆的男人，展現出風度翩翩的形象，絕不是矯揉造作出來，而是貨眞價實的，是他們豐富感情展露出的風采。

他們不喜歡拘束，積極拓展自己的生活空間，主動與他人交往，練就高超的交往藝術，在社交場合深得異性的歡心和青睞。

• 領帶綠色、襯衫黃色的人

綠色象徵生命和活力，是點綴大自然最美妙的色彩；黃色代表收穫和金錢，是財富與權勢的徽章。這樣搭配領帶和襯衫的男人富有青春活力與朝氣，想什麼就做什麼，不喜歡拖泥帶水，對事業充滿信心，不過有時魯莽衝動，自制能力較差，需要學著改進。

・領帶深藍色、襯衫白色的人

「藍領」代表職員階層，「白領」代表管理階層，喜歡將兩者融合在一起的人，顯得少年老成，同時風度翩翩。由於視野寬闊，白領的誘惑遠遠超過藍領，他們對工作特別專注，事業心極重，但也可能導致在奮鬥過程中出現急功近利的表現。

・領帶多色、襯衫淺藍色的人

五彩繽紛是人們對美好事物的形容，充滿了迷離和誘惑，普通人和勤奮的人往往對此敬而遠之。選擇這種領帶和襯衫的人擁有一股市儈氣息，熱衷於名利。花花世界常常使他們心猿意馬，見異思遷的他們對愛情往往不能專心致志，追逐的目標總是換了一個又一個，並不是好事。

• 領帶黑色、襯衫白色的人

黑白分明是對閱歷豐富之人的形容，喜歡這種打扮的人多半穩健老成。由於看得多，感悟也多，他們懂得什麼是人生最值得的追求，善於明辨是非。

• 領帶黑色、襯衫灰色的人

不用看他們的表情如何，僅這身打扮就讓人產生不舒服的感覺。他們穿著之時恐怕忘了照鏡子，沒發覺自己全身上下散發深沉的憂鬱。憂鬱往往是氣量狹小所致，由於太過陰沉，這樣的人相當使人不快。

• 領帶紅色、襯衫白色的人

紅色象徵火焰，代表奔放的熱情，更是積極主動的表現，所以男人選擇紅色領帶，無異是想追逐像太陽一樣的光輝，使自己成爲關注的焦點。他們本應該屬於充滿野心的類型，但白色代表純潔，是和平與祥和的象徵，白色襯衫讓別人對他們刮目相看，見到他們便會產生熱情加上純潔的感覺。

• 領帶黃色、襯衫綠色的人

用辛勤的耕耘換取豐碩的收穫，按照理想設計生活和人生，並勇於實施，流露出的是詩人或藝術家的氣質。這種人相信付出就會有回報，不會杞人憂天地擔心秋天因爲意外的暴風雨而導致顆粒無收，他們與世無爭，保持柔順的性情，對人非常和藹可親。

• 不會繫領帶的人

連繫領帶這種小事都要人代勞的人，大多心胸豁達，不拘小節。他們或許有某種常人沒有的絕技在身，或是先天具備領袖才能，因而不屑將精力消耗在繫領帶這樣的細節問題上。他們性情隨和，有同情心，朋友甚多，口碑亦好，且夫妻情篤、家庭和睦。

小小一條領帶，卻有大大的學問，這就是服飾風格的無聲語言。

從手提包揭露一個人的內心

你拿的是哪種手提包，身邊的親友又多是使用何種類型的呢？不同個性的人會利用不同的提包，這其中的奧秘，值得留意。

手提包是工作、學習和生活當中非常重要的一件物品，很多時候幾乎與人形影不離。因此，在一定程度上可以向外界傳達相當的資訊，讓外界透過手提包認識擁有它的主人。

手提包的樣式相當多，可以根據自己的喜好進行選擇。一般來說，選擇的提包比較大眾化的人，性格也比較大眾化，或者是說沒有什麼特別鮮明的、屬於自己的個性。

這樣的人跟隨潮流盲目地走，大家都這樣選擇，所以也這樣選擇，沒有自己的主見，目光思想都比較平庸和狹窄，不會有太大的成就和發展。

選擇有特色的手提包，甚至讓人看一眼就難以忘卻，這樣的人，性格要分兩種不同的情況來分析。一是他們的個性的確特別強，特別突出，對任何事物都能從自己獨特的思維、美感等各方面出發，從而做出選擇。

這一類型的人多具有藝術細胞，喜歡我行我素，不被人限制，而且標新立異，敢冒風險，具有一定的膽識和魄力。如果沒碰上什麼意外，自己又肯努力，會在某一領域做出一定的成績。

另外還有一種人，並不是眞正有什麼個性，也沒有什麼審美眼光，不過是爲了要顯示自己與衆不同，故意做出與其他人不一樣的選擇，以吸引更多的目光。這類型的人，自我表現慾望及虛榮心都比較強。

選擇休閒式手提包的人，可以看出他們的工作有很大的伸縮性，自由活動的空間比較大。正是由於這樣的工作條件，再加上先天的性格，這類型的人大多很懂得享受生活。

他們對生活的態度比較隨便，不會過分苛刻地要求自己，比較積極樂觀，也有一定程度的進取心，能適當地安排工作、學習和生活，在比較輕鬆愜意的氛圍裡把屬於自己的事情做好，取得一定成績。

選擇手提包多是公事包的人，也說明了提包主人工作的性質。他們可能是某個企業單位的經理，如果是普通職員，也是比較正規單位的，選擇公事包可能出於工作上的需要，但在其中多少也能透出一些性格的特徵。

這樣的人辦事大多較小心和謹慎，不一定就是不苟言笑，但即使是有說有笑，對人仍然是相當嚴厲。

當然，他們對自己的要求往往更高。

有小把手的方形或長方形手提包，有些時候可以當成是一種配件。這種手

提包外形和體積都相對比較小，使用起來並不是特別方便。喜愛這種款式手提包的人，多半是沒有經歷過什麼磨難，比較脆弱且不堪一擊，遇到挫折，容易妥協和退讓。

喜歡中型肩背式手提包的人，在性格上相對比較獨立，但在言行舉止等各方面卻相對傳統且保守。他們有一定相對自由的空間，但不是特別大，交際圈子比較狹窄，朋友也不是很多。

非常小巧精緻，但不實用，裝不了太多東西的手提包，一般來說，應該是年紀比較輕，涉世也不深，比較單純女孩子的最好選擇。但如果已經過了這樣的年紀，步入成年，非常成熟了，還熱衷於這樣的選擇，說明這個人對生活抱持非常積極而又樂觀的態度，對未來充滿了美好的期待。

比較喜歡具有濃郁的民族風味、地方特色的小提包的人，自主意識比較強，是標準的個人主義者。他們個性突出，往往有著與他人截然不同的衣著打扮、思維方式等等。有些時候顯得與別人格格不入，要想營造出比較好的人際關係，其實存在著一定的困難。

喜歡超大型手提包的人，性格多半自由自在、無拘無束。他們很容易與他人建立某種特別的關係，但是關係建立以後，也很容易就破裂。這也是由他們的性格所決定的，因爲生活態度太散漫，缺乏必要的責任感。雖然他們自己感覺無所謂，但卻不是所有人都能夠容忍和接受。

把手提包當成購物袋的人，多半希望能尋找捷徑，在最短的時間內以最少的精力把事情辦成。他們很講究做事的效率，但做起事來又比較雜亂無章，沒有一定的規則，很多時候並不能如願以償。他們的性格多比較親切隨和，很有耐性，滿足於自給自足。

在他們的性格中，感性的成分要比理性成分多一些，做事有些喜歡意氣用

事，獨立能力比較強，不太習慣於依賴別人。

喜歡金屬製手提包的人，多是比較敏感的，能夠很快跟上流行的腳步，對新鮮事物的接受能力很強。但是這類型的人，很多時候自己並不肯輕易地付出，總是希望別人能夠付出。

喜歡中性色系手提包的人，表現慾望不是很強烈，不希望被人注意，目的是減少壓力，凡事多持得過且過的態度，比較懶散。在對待他人方面，喜歡保持相對中立的立場。

喜歡男性化皮包的人（這裡理所當然是針對女性而言），一般來說都是比較堅強、能幹，並且個性較爲外向者。

雖只有一個手提包，但有很多的口袋，可以把各種東西放到該放的適合位置。選擇這種手提包的人，生活十分有規律，能在大多數的時候保持頭腦的清醒，不會輕易做出糊塗的、讓自己後悔的事情。

提包裡的東西擺放得亂七八糟，沒有一點規則，要找一件東西，需要把提包內的所有東西全部倒出來，這樣的人，基本上生活是雜亂無章的，奉行的是「無所謂」的隨便態度。

這種類型的人做事比較含糊，目標不明確，但對人相對比較熱情親切。可是，由於他們的生活態度有些過分隨便和無所謂，常常導致使自己陷入難堪的境地。和這一類型的人相識、相交都相當容易，但是分開也不難。

提包內的各種東西擺放得層次分明，想要什麼伸手就可以拿到，這說明提包的主人是很有原則性的人，他們有很積極的進取心，辦事認眞可靠，待人也較有禮貌。

一般來說，這一類型的人有很強的自信心，組織能力突出，缺點是比較嚴肅、呆板，過分拘泥於生活中的某些細節。

不習慣帶手提包的人，性格要分幾種情況來說，有可能是因爲性格比較懶惰，覺得帶個包包是種負擔，太麻煩了；還有一種可能是他們的自主意識比較強，希望獨立，手提包會在無形當中造成障礙。

兩種情況都是把手提包當成是負擔，由此顯示出這種人的責任心並不是特別強，內心並不希望對任何人、任何事負責任。

看看你拿的是哪種手提包，身邊的親友又多是使用何種類型的呢？

不同個性的人會利用不同的提包，這其中的奧秘，值得留意。

手錶是人的另一個外表

配戴有好幾個時區手錶的人多半有些不現實。他們有一定的聰明和智慧，但一切都止於想像而已，不會去付諸實踐。

一個人對時間持什麼樣的看法，其實是由性格決定的，而時間對人具有什麼樣的影響，很多時候又可以透過所戴的手錶傳達出來。這兩者之間，有著非同一般的關係。

有一種新型的電子錶，只要按一下顯示時間的鍵，就會出現數字，如果不按，則錶面上一片漆黑，什麼也看不見。喜歡戴這類型手錶的人多半有些與衆不同，自我獨立意識強烈，從來不希望受到他人的約束和控制，喜歡自由自在，

無拘無束地去做自己想做、願意做的事情。

他們善於掩飾自己的眞實情感，一般人不能輕易走近瞭解他們。在他人看來，這類人非常神秘，他們自己也非常喜歡這種神秘感，樂於讓他人對自己進行各種猜測。

喜歡液晶顯示型手錶的人，在生活中多比較節儉，知道精打細算。他們的思維比較單純，對簡潔方便的事物比較熱衷，對於太抽象的概念則難以理解。在爲人處世各方面大都持比較認眞的態度，一點也不隨便馬虎。

喜歡戴鬧鐘型手錶的人，大多對自己的要求比較嚴格，總是把神經繃得緊緊，一刻也不肯放鬆。這類型的人雖算不上傳統和保守，但習慣按一定的規律和規定辦事，在爭取成功的過程中，會以相當直接而又有計劃的方式完成的。他們有責任心，有時候會刻意培養並鍛鍊自己在這一方面的能力。除此以外，還有一定的組織和領導才能。

配戴有好幾個時區手錶的人多半有些不現實，他們有一定的聰明和智慧，但一切都止於想像而已，不會去付諸實踐。這種人做事常三心二意，這山望著那山高。在一些沉重的責任面前，常選擇以逃避的方式面對。

戴古典金錶的人具有發展眼光和長遠打算，絕對不會爲了眼前即將得到的利益而放棄日後更有發展前途的事業；天生心思縝密，頭腦靈活，往往極有遠見。他們的思想境界比較高，而且很成熟，凡事看得清楚透徹，有寬容力和忍耐力，又很重義氣，能夠與家人朋友同甘共苦。

這類人也有堅強的意志力，不會輕易向外界的困難和壓力低頭。

喜歡懷錶的人，對時間很有控制能力。雖然他們每天的生活都很忙碌，但卻不是時間的奴隸，懂得在有限的時間裡放鬆自己，尋找快樂。他們善於控制和把握自己，適應能力比較強，能夠適時調整心態。

他們有比較強的懷舊心理，樂於收集一些過去的東西。此外，言談舉止高雅，可以顯示出一定的文化修養，有比較濃厚的浪漫思想，常會製造一些出人意料的驚喜，爲人處世有耐心，很看重人與人之間的友情。

喜歡戴上發條的錶的人，獨立意識多比較強。

他們自給自足，很多事情都堅持一定要自己動手，樂於從事那些可以很快見到成果的工作，最看重的是靠自己的勞力所獲得的成就感，但在這個過程中，又不希望一切輕而易舉就獲得，這樣反而沒有了意義和價值。

他們並不希望得到別人過多的關心和寵愛，凡事靠自己。

喜歡戴沒有數字的錶的人，抽象化的概念較爲強烈，擅長於觀念的表達，不希望將什麼事情都說得一清二楚，很在意個人智力的鍛鍊和考驗，認爲把一切都說得太明白就沒有任何意義了。

他們很喜歡玩益智遊戲，而且本身就是相當聰明富智慧，對一切實際的事物並不是特別在意。

喜歡戴由設計師特別爲自己設計的手錶的人，多半非常在乎自己在他人心目中的形象和地位，可以爲了迎合他人而改變自己。他們時常會大肆渲染誇大一些事情，以證明並表現自我，吸引他人的注意。

不戴手錶的人，大多有比較獨立自主的個性，不會輕易被他人支配，只喜歡做自己想做的事情。他們的隨機應變能力比較強，能夠及時想出應對的策略。

手錶是人的另一個外表，透過手錶讀人，其實一點也不難。

透過戒指看個性

戒指不只是財富或情感的象徵，事實上，也是個人品味、個性、特色的表徵，意義相當豐富且深厚。

戒指是手上最常見的飾物，透過它，可以看出主人的一些性格特徵。

一般來說，常見的戒指有以下幾種：

一個人戴的如果是結婚戒指，戒指越大越華麗，則表明這個人的自我膨脹感和表現慾越強烈。

如果戒指是緊緊地套在手指上，則表明對人很忠誠，反之亦然。

戴刻有家族標誌的戒指的人，說明對家庭是相當重視的，而且也有表現、證明自己是某一家族成員的心理。

戴著代表自己生辰標誌戒指的人，很想讓他人瞭解和注意自己，同時也非常想去瞭解他人，並且會給予周遭環境一定的關注。

喜歡戴鑽石戒指的人，希望以此引起他人的注意，常會爲自己所取得的成沾沾自喜，而且還有一點驕傲自滿，常陶醉在過去的美好回憶當中。

喜歡戴鑲有寶石戒指的人，非常在意自己外在的形象，卻忽略了內在的修養，雖然外表看起來很有實力，實則外強中乾。他們有較豐富的想像力，一切行動則常只憑一時的心血來潮。

樂於戴一枚小戒指的人，多有比較豐富的想像力和突出的創造力，只是這些東西有時並不適合現實生活。

他們常懷著非常迫切的心情想向他人說明自己的想法。對生活的態度比較積極，知道該如何適當地表現自己。

手工戒指是非常獨特和複雜的，對這種戒指情有獨鍾的人，性格大多也是如此。他們同樣有較強烈的表現慾望，爲了讓他人認識和關注自己，可能會花費很大一番心思。這樣的人喜歡標新立異，樹立自己獨特的風格，並且有十足的信心認爲一定會成功。

從來不戴戒指的人，則不喜歡雜亂和煩擾的感覺。他們在生活中力求自然舒適，無拘無束地表達內在的各種思想和情緒。

戒指不只是財富或情感的象徵，事實上，也是個人品味、個性、特色的表徵，意義相當豐富且深厚。

帽子也是個性的展示

帽子對於一個人來說，有著很重要的用途，可以幫人建立某種形象，使個性得以在眾人面前展現。

帽子不僅僅只有禦寒功能，還能達到美觀和樹立形象的作用。世界各地都在生產形式各異的帽子，出入任何一家娛樂場所或大型酒樓餐館，都會看到衣帽間的牌子。這說明了帽子對於一個人來說，有著很重要的用途，可以幫人建立某種形象，使個性得以在眾人面前展現。

透過帽子，可以得到哪些訊息呢？

- 愛戴禮帽的人

戴禮帽的人都自認爲穩重而有紳士風度，希望讓人覺得自己有沉穩和成熟的風格，在別人面前，經常表現得熱愛傳統，例如喜歡聽古典音樂或欣賞芭蕾舞，不喜歡流行的事物。

這類型的人看不慣很多東西，相當自命不凡，認爲自己是做大事的人，進入任何一個行業都應該是主管級的人物。

可惜他們過分保守並且缺乏冒險精神，以致成就並不大，能闖出的事業也不如想像那般美好。

周遭的朋友會覺得他們保守、呆板、不容易分享眞心話，即使在見面時表現得斯文有禮，也不能加深彼此之間的友誼。這種人和朋友之間的友誼都不能保持深度，儘管有時也會試圖去改變，但天生的性格使他們難以表達自己的心思，反倒適得其反。

• 愛戴旅遊帽的人

這種帽子既不能禦寒也不能抵擋陽光照射，純粹作爲裝飾之用。用這樣的帽子來裝扮自己，多半是爲投射某種氣質或形象，或者另有企圖，例如掩飾一些認爲不理想或者有缺陷的東西。

從表現出來的特點看，這類人不夠誠實，不肯以眞面目示人，又善於投機鑽營，因此眞正瞭解他的朋友少之又少，一般所看到的只不過表面。

由於過度聰明，過度自以爲是，總愛在別人面前既唱黑臉又唱白臉，以爲自己表現得天衣無縫，其實別人早已看出他們是不可深交之人。

他們眞正的朋友不多，多半是面和心不和的人。雖然有時他們也看出自己的缺點，但由於本性，難以改變這些事實。

事業上，這種人喜歡用投機之術去鑽各種漏洞，有時確實會收到不錯的效果，可等到黔驢技窮，就會被上司和同事看穿。

• 愛戴鴨舌帽的人

一般來說，有點年紀的人才戴鴨舌帽，顯示出穩重、辦事忠實的形象。如果男人戴這類帽子，那麼必定認爲自己是個客觀的人。面對問題時，能從大局

著想，不會因爲一些旁枝末節而影響整個大局。

他們會自以爲是老練的人，因而與別人打交道時，即便對方胸無城府，還是喜歡與別人兜著圈子玩，寧可把對方搞得暈頭轉向，也不直接了當地說出自己的心思。

之所以這麼做，因爲他們習慣自我保護，不願輕易讓別人瞭解內心。這種人不是個攻擊型的人，但卻是很會保護自我的防守者，很少傷害別人，但也不容許別人傷害自己。

這種人很會聚財，相信艱苦創業才是人生的本色，多勞多得是堅定奉行的信條，從不相信不勞而獲或少勞多獲。也因爲他們認爲所擁有的財富來之不易，所以從不亂花一分錢。

• 愛戴彩色帽的人

這種人知道在不同的場合，配合不同顏色的服裝，戴不同色彩的帽子，是天生擅搭配且衣著入時的人。

這種人喜歡色彩鮮豔的東西，對時下流行的事物非常敏感，每當社會上出現新鮮玩意，必定會是最先嘗試的那批人。希望他人讚揚自己的生活過得多姿多彩，懂得享受人生，並且總是走在時代最前列。

另一方面，他們也是個害怕寂寞的人，因爲天生精力旺盛朝氣蓬勃，不甘寂寞的心，總是使他們躁動不安。所以，他們經常邀請夥伴們一起聚會，盡情玩樂，其實說穿了就是害怕寂寞。

這種人對工作忽冷忽熱，一旦熱情起來時，就像有使不完的勁；一旦無聊，空虛感又馬上襲滿心頭。

• 愛戴圓頂氈帽的人

這純粹是一副老百姓的派頭，對任何事情都感興趣，但從不表達自己的想法，即使有看法也是附和別人的論點，好像完全沒有主見似的。

這類人並不是眞沒有主張，只不過是老好人罷了，不願隨便得罪別人，哪怕對方看來多麼不起眼。

從本質上，這種人相當忠實能幹，相信必定付出才有收穫的道理。在平和的外表下，有自己執著的觀點，相當痛恨不勞而獲的人，相信君子愛財取之有道，對不義之財從來不多看一眼。

這種人對所做的事情都會全力以赴，投入相當的精力和熱情，談及報酬，只拿屬於自己的那份。這種人能夠以自身的美德贏得尊重。

在選擇朋友方面，他們表面隨和，其實頗爲挑剔，除非對方和他有類似看法和觀點，否則絕對不會考慮深交。

拿出慧眼，學習以鞋辨人

喜歡追著流行走，穿時髦鞋子的人，會有一種觀念，那就是只要流行，就全部都好，卻沒有考慮到自身條件。

鞋子，能夠發揮保護腳的作用，但這只是一方面，另一方面，還可以表現出一個人的性格。

始終穿著自己最喜愛的一款鞋子，這一雙穿壞了，會再去買同樣的另外一雙，這樣的人思想多相當獨立。他們知道自己喜歡什麼，不喜歡什麼，很重視內心的感覺，而不會過份在意他人看法。

他們做事比較小心謹愼，經過仔細認眞的思考以後，決定要做就會全心投

入，把事情做到最好。他們很重視感情，對自己的親人、朋友、戀人都相當忠誠，不會輕易背叛。

喜歡穿沒有鞋帶鞋子的人，並沒有太特別之處，穿著打扮和思想意識都與絕大多數人差不多。他們相當傳統且保守，中規中矩，追求整潔，表現慾望不強，不求引人注目。

喜歡穿繫鞋帶鞋子的人，性格多比較矛盾，希望能有人來安排他們的生活，但對於已安排好的一切卻又總想反抗。爲了化解這種矛盾，他們會在尊重他人爲自己所做安排的同時，試圖尋找自由揮灑的空間，以發展並釋放自己。

穿上高跟鞋，雙腳免不了受些折磨的，但愛美的女性不會在意。這樣的女性，表現慾望很強，希望能引起他人——尤其是異性的注意。

喜歡追著流行走，穿時髦鞋子的人，會有一種觀念，那就是只要流行，就全部都好，卻沒有考慮到自身條件是否與之相符合，難免不切合實際。這種人做事時常缺少周全的考慮，所以會顧此失彼。他們對新鮮事物的接受能力比較強，表現慾望和虛榮心也強。

喜歡穿運動鞋的人，對生活持相對積極樂觀態度，爲人較親切自然，生活規律性不強，比較隨便。

喜歡穿靴子的人，通常自信心並不是特別強，因爲靴子正好可以爲他們帶來一些自信。另外，他們很有安全意識，懂得在適當的場合和時機，將自己好好地掩蔽起來。

喜歡穿拖鞋的人，是輕鬆隨意型的最佳代表，只追求現下的感覺和感受，不會爲了別人而輕易地改變自己。他們很會享受生活，絕對不會苛刻自己。

熱衷於遠足靴的人，在工作上投入的時間和精力相對要多一些，他們有很強烈的危機感，並且時刻保持在最佳狀況，準備迎接可能突然發生的變化。他們有相對較強的挑戰性和創新意識，敢於冒險，向自己不熟悉的未知領域挺進，並且有較強的自信，相信能夠成功。

PART 6

注意對方的日常習慣動作

談話時喜歡和他人目光接觸的人，
無疑是主動向對方展示自己的內心。

由簽名判斷個性

簽名特別小的人，工作上的表現雖然不是十分積極，但屬於自己的工作都能集中精力完成，對於功名利祿也不積極追求。

現在人們的交際圈越來越大，交際活動也越來越頻繁，亮出自己名字的機會日漸增多，於是簽名成爲人們一項重要的交際內容。

簽名有美有醜，有大氣也有小氣。各式各樣的簽名，不僅讓別人獲得簽名者的個人資訊，還能從中看出個人的性格。

簽名特別大的人，表現慾望強烈，性喜招搖。他們注重外表，總是將非常多的精力投注到衣著打扮上，期望給人留下良好的視覺感受，但沒有辦法讓人

對他們念念不忘，因爲很難眞正打動他人的心。

他們在工作過程中總是將衆多任務攬到身上，能夠給人一定的信任感，但是工作成績會暴露出自身的眞實面目，就是能力有限，遇到困難便顯得軟弱無能，更有甚者無法善始善終，中途退卻。

簽名特別小的人，性格與簽名特別大的人截然相反，不喜歡在大庭廣衆之下拋頭露面、惹人注意。既不積極用特別的外表吸引他人的注意力，也不主動向他人打招呼或表示什麼。他們對自己沒有足夠的信心，工作上的表現雖然不是十分積極，但本份內的事都能集中精力完成。

簽名向上的人野心勃勃，通常都有雄心壯志，不畏艱辛，總堅定執著地朝著自己的理想前進。他們積極樂觀，會想盡辦法戰勝眼前的困難，喜歡榮譽和鮮花，更對世間的一切享受垂涎三尺，這是不懈努力的最終目的。他們可以成就大事業，但也可能將災難降臨到他人頭上。

簽名向下的人，通常是消極的等待者或妥協者，總是一副無精打采的樣子，猶如大病初愈，又好像經歷了什麼沉重的打擊。他們缺乏信心，不敢規劃未來、追求理想，見到別人取得榮譽時，雖然也會熱血沸騰，但熱情轉眼間就消失了，沒辦法成爲激勵向上的動力。

簽名向左的人，不喜歡按照常規辦事，喜歡標新立異並追求不同凡響。他們總用普通的動作表現不普通的想法，所以如果喜歡某個人，就會冷酷以待；如果討厭某個人，則會熱情周到。他們喜歡表現自我，在陌生人面前直言不諱，幸好憑藉認眞誠懇而又不失幽默的表現，往往會博得大衆的喜歡。

簽名向右的人，多半積極樂觀、信心十足，總是一副充滿朝氣、和藹親切的樣子，在人際交往過程當中經常主動向他人攀談，通常別人也會笑臉相迎。但這並不是成爲社交高手的主要原因，他們眞正高明之處是，和人交往的時候表面上熱心參與，實際上卻置身事外，對全局進行縝密的觀察，將所有變化掌握在手中。

學會區分對方的筆跡

在社交活動中，仍可藉由他人的筆跡，分析此人的性格、品德、人生觀、主要優缺點等，以使自己的社交活動更加順利。

文字是人們傳達思想感情、進行思維溝通的一種手段，筆跡則是人體資訊的一種載體，大腦中潛意識的自然流露。透過筆跡，可以看出個性。

自二十世紀七〇年代以後，筆跡分析技術廣泛在德、法、英、美、日、以色列、澳大利亞、前蘇聯等國家的人才招聘領域應用。例如，在以色列，由於立國之初國民就來自多個不同的民族，彼此沒有共通的語言，因而要判斷一個人，唯有靠分析筆跡。

即使是現在，無論是要招聘行政管理人員還是普通工人，應聘時仍需經過

筆跡分析這一關。

在日本，一些公司在進行人才招聘時，會將職位候選人親手所寫的字送到字相公司，經字相公司列出鑑定意見後，才統一考核，決定是否錄用。在法國，六十%以上的企業在招聘員工時，都進行筆跡分析。在台灣，隨著科學技術的不斷發展和完善，筆跡分析也逐漸應用在人才招聘中。

美國微軟集團以開發電腦軟體聞名世界，但公司招收職員時，卻有一項硬性規定，即應聘者必須抄一份十萬字以上的產品品質推薦手冊，結果從這一關上敗下陣的優秀人才不計其數。並不是這些應試精英不會抄寫，而是這些電腦高手不知微軟的眞實意圖，十萬字抄下來，自己的性格早已被微軟公司的心理學家參透了大半。

作爲社會化的高級動物，人在認識世界、改造世界的過程中，不但能感知事物，而且能把感知的事物記下來，經過大腦複雜的思維活動，形成各不相同

的世界觀和個性特徵。這些特徵又會在一定的條件下，透過一定的形式表現出來，文字正是其中一種形式。

其實，筆跡除了後天習性之外，與遺傳也有關聯。

研究中發現，直系親屬之間，儘管字體的大小、力度、肥瘦等具體特徵不盡相同，但在神韻、架構、運筆等方面，卻有驚人的相似性，這說明筆跡就像人的品性、健康一樣有遺傳性。

筆跡還與人的生活經歷、生活背景、教育程度、與人交往的密切程度、所從事的社會活動等有密切關係。一個從小就擁有充裕生活條件者的字，與從小在艱苦環境下長大者的字，在字態、字勢、風格等很多方面必定存在著差異。

人的字會經常變化，不同時期的字，特徵不一樣。一般來講，學生時代的字體由於沒有徹底定型，筆劃稚嫩、拘謹；中年時期的字，筆劃熟練、流暢、個性突出；老年時候的字，筆劃較重、筆鋒老辣、略顯僵硬。

不同心境下寫出的字，筆跡也不一致。但在長時期內，字體的主要特徵如運筆方式、習慣動作、開闔等是不變的。只是近期的字更能反應出最近的思想、感情、情緒變化、心理特點等。

在招聘新進員工時，企業會針對職位所要求的能力與性格特徵，藉由分析字跡，從眾多應聘者中找出適合的人才。例如，若某單位需招聘一位眼光遠大、有魄力、有開創能力的人做部門的負責人，筆跡分析將針對上述要求進行鑑定，並根據其他素質，做出候選人是否符合此職位的建議。

與其他測試手段相比，筆跡分析更能準確地測出應聘者的基本人格特質，以及隱藏性格。

至於對個人來說，雖然不如企業般對筆跡鑑定有強烈的需求，但在社交活動中，仍可藉由他人的筆跡，分析出對方的性格、品德、人生觀、主要優缺點等，以使自己的社交活動更加順利，免受小人的困擾。

塗鴉會洩漏心中想法

習慣畫四方形、三角形、五邊形等幾何圖形的人，多具有邏輯性，而且善於思考，組織能力相當強。

每個人都有這樣的經歷，會趁閒來無事時，在一張紙或是其他東西上隨便地塗塗寫寫。

有心理學家指出，這種無意識的亂塗亂寫，往往能顯示出一個人眞正的性格，因爲人內心的眞實感覺，會透過塗寫的過程顯露出來。

喜歡畫三角形的人，理解能力和邏輯思考能力多半比較強。在絕大多數時候都能夠保持頭腦清醒、思路清晰，有很好的判斷力和決斷力，但缺乏耐性，急躁、容易發脾氣。

喜歡畫圓形的人，做事有一定的規劃和設計，喜歡按照事先擬定的執行程序行事，多有很強的創造力和豐富的想像力。

喜歡畫多層折線的人，分析能力多半比較強，而且思維敏捷，反應迅速。

喜歡畫單式折線的人，很多時候都處在一種比較緊張的狀態之中，情緒不穩定，時好時壞，讓人難以捉摸，因爲這種圖案代表內心充滿不安。

喜歡畫連續性環形圖案的人，多能夠將心比心，會站在別人的立場上爲他人著想。他們在大多數情況下都對生活充滿信心，而且適應能力很強，無論處在什麼樣的環境都能很快融入其中，對現狀感到滿足。

喜歡在小格子中畫上交錯混亂線條的人，多半有恆心、有毅力，做什麼事情都能拿出不達目的誓不罷休的狠勁。

喜歡畫波浪形曲線的人，個性隨和，而且做事有彈性，適應能力很強。善

於自我安慰，遇事願意往好的方面想。

喜歡在一個方格內胡亂塗畫不規則線條的人，情緒必定低落，心理壓力很大，但不會產生悲觀厭世的想法，對人生仍抱有很大的希望，並會尋找辦法安慰自己，朝積極的方向努力。

喜歡畫不規則曲線和圓形圖案的人，心胸多比較開闊，心態也比較平和，對環境的適應能力很強，但有點玩世不恭。

喜歡畫不定型但稜角分明圖形的人，競爭意識多半比較強，習於爭強好勝，總是希望自己能夠勝人一籌，事實上，他們也不斷地爲此而努力，並且可以爲了勝過他人做出犧牲。

喜歡畫尖角形圖案或紊亂平行線的人，表明內心總是充斥著憤怒和沮喪。

喜歡在格子中間畫人像的人，多半朋友很多，但敵人也不少。

喜歡寫字句的人多是知識份子，想像力比較豐富，但太常生活在想像當中，有點不切合實際。

喜歡畫眼睛的人，性格中多疑的成分佔了很大的比例，此外，這類型的人有比較濃厚的懷舊心理。

喜歡塗寫對稱圖形的人，做事多比較小心謹慎，而且會遵循已經設計好的、一定的計劃和規則行事。

有些人喜歡畫小小短短的線，周圍常有一大片空白，這些線不是相互平行，就是成直角排列。

喜歡順手畫這些東西的人多半性格比較內向，對這個社會和自己所處的環境充滿了恐懼感，總是想盡辦法逃避現實。他們可能也很聰明，但通常不會有什麼好的想法和創意，因爲總是被一些無形的東西侷限了正常的思考，從而使自己無法突破並超越障礙。事實上，那些使他們受到侷限的東西，經常是自己強加到自己身上的。

習慣畫四方形、三角形、五邊形等幾何圖形的人，多具有十分嚴謹的邏輯性，而且善於思考。他們的組織能力相當強，但有時也會讓人產生不滿，認爲太過於執著自身的信念，無法容忍那些想改變自己或否定自己意見的人。他們在爲人處世等方面多少有一些保守，但在面對各種事物時多能夠胸有成竹，知道自己該做些什麼、以什麼方式做。

喜歡畫正方體、三角錐、球體等幾何圖形的人，多比較深沉穩重，也更注重實際，性格彈性很大，能屈能伸，在面對不同情況時，能夠及時調整自己。他們善於將比較抽象的東西具象化，多有很好的經濟頭腦，是一塊做生意的好料子，溝通能力也比較強。

喜歡畫像雲、扇子或羽毛一樣彎曲圖案的人，對新鮮事物的接收能力往往很強，而且也具有很好的適應能力。

喜歡畫一條曲線包含著另一種圖形的人，對周圍的人是相當敏感的。在遭遇挫折和磨難的時候，多能夠保持相對冷靜，積極尋找解決的辦法，而不是不加思考就貿然動手。只是這一類型的人，時常會沉浸在某種幻想當中，有一點不切合實際，脫離現實。

喜歡畫飛機、輪船和火車的人，從畫的圖形表面上理解，像是旅行的愛好者，希望把各旅遊景點全部看完，可實際上，這是在發洩自己的憤怒和挫折感。他們時常會失去希望，陷入迷茫當中，並且在挫折和困難面前表現得很消極。他們的自信心並不強，對自己也不抱什麼希望，而總是把希望寄託在他人身上，或者是遠行的夢想上。

喜歡畫有趣的線條、圓圈和其他圖形的人，多半極富有創造力，對於未知的領域有相當濃厚的興趣，並願意積極嘗試。對他們而言，沒有什麼事情是絕對的，因而時常自相矛盾，對一個問題可能會有許多不同的答案。在生活中，他們總把自己弄得筋疲力盡，可到最後卻還是無法理出頭緒。他們具有一定的才華，很博學，但卻沒有幾樣眞正精通。

喜歡畫各種不同面孔的人，多是藉畫畫的過程發洩自己內心的某種情緒。喜歡畫一張笑臉的人多是知足常樂者；喜歡畫皺著眉頭的臉的人則恰恰相反，多半永遠也不會感到滿足；喜歡畫苦瓜臉或是扭曲變形臉的人，多代表內心非常痛苦且混亂不堪；喜歡畫大眼睛的人則代表他們的生活態度非常樂觀；喜歡用一個平凡的點代表眼睛，或是一條直線代表嘴巴，則表示心裡有疏離感。

不斷地畫同一個圖形的人，心中多有很強的慾望。一般來說，這類型人人的希望變成現實的機會都比較大，因爲他們有不屈不撓的精神，一旦確定了目標，就不會輕易改變。當然，在遭遇挫折的時候可能也會失望，但絕對不會放棄，會用最快的速度調整自己的心情，再努力爭取。他們有野心也有幹勁，無論什麼時候都知道自己在做什麼。

喜歡畫花草樹木以及田園景象的人，多是性情溫和且又非常敏感的人。他

們對形狀和顏色往往具有比其他人都突出的鑑賞力。這類型的人多在文學、藝術等方面具有相當的才華和成就，天性較淡泊名利，與世無爭，只嚮往安靜平和的生活。

會不斷寫著自己名字或練習各種新鮮字體的人，自我表現慾望無疑相當強烈，可能會為此做出一些讓人無法接受的事情。他們會經常感到迷茫和無助，不知道自己該做些什麼。之所以不斷重複寫自己的名字，就是在潛意識裡不斷的自我肯定，目的在克服目前困擾自己的某種情緒。

字跡會說話，告訴你誰是可以信賴的，誰又是必需提防的小人。

注意對方的日常習慣動作

談話時喜歡和他人目光接觸的人，無疑是主動向對方展示自己的內心。

在日常生活當中，若僅僅依靠一張嘴，很難完成交際溝通，眞實全面地傳達出自己的感情，甚至可能被小人欺騙。所以除了語言以外，還要採用一些輔助手段，例如肢體動作。

手舞足蹈說的是人高興的手足動作，抓耳搔腮說的是人著急時候的樣子，張牙舞爪說的是人發怒時的表現……等，不難看出身體動作可以作爲表達情感的輔助工具，而旁人也可從中窺見一個人的性格特徵。

要想深入了解周圍人的眞情實感，得知內在心思，甚至察覺不軌，可以細心留意他們的一舉一動。

習慣性點頭的人，比較關心和體貼別人，知道配合的重要性。他們會及時表達自己的認同，以使說話的人增強自信，對談論話題深入思考，並得以充分發揮潛力，找出最好的解決問題方法。

在生活和工作當中，他們願意向他人伸出援手，並能夠體諒對方的弱點，在力所能及的範圍內給予援助，具有熱心助人的性格特徵。

耐心的人能夠聆聽對方的全部說話內容，給予認眞的回應，讓說話的人有被認可的感受，從而認可並欣賞他們，把他們當成可以深交的夥伴。這類人愛交朋友，這不僅表現在能夠給予朋友力所能及的幫助，還會在內心深處關懷體貼，處處爲對方著想，時時想著幫他們排憂解難。他們不僅隨時準備幫助朋友，最爲難得的是經常在尚未得到別人請求協助前，便主動伸出援手。

東拉西扯，頻頻打斷別人話題的人，做事同樣冒進，欠缺穩重，給人毛躁的感覺。很少有人能和他們長時間交流，更別提促膝而談，所以他們難有眞正的朋友和可以依靠的人。分配工作給他們時，必須提防做事虎頭蛇尾，雷聲大、雨點小，千萬不要把全部希望都寄託到他們身上，否則定會吃大虧。

談話時心不在焉的人，屬於精神渙散者。不重視談話過程，更不在意談話內容，即便將他人的話語聽進耳中，多半也不能確實了解眞意。

這種結果的外在表現是辦事容易拖拉，一延再延，因爲根本就不知道對方要自己做什麼，而且得過且過。如果目標已經明確，條件也具備和成熟，往往卻又無法把精力集中，或是一心二用，或是心有旁騖，使接到手中的任務不了了之。這種人因爲毫無責任感，終身都難有所成就。

乘人不注意時窺視他人的人，屬於心術不正的類型。他們自身沒有什麼特長或驚人之處，但卻總是想著「一鳴驚人」。因爲不知如何才能實現這個願望，而且現實當中又很少有人願意理會這些空想家，往往使他們的自尊心受到傷害。為了實現自己的白日夢，並向別人證明自己的存在價値，他們常常費盡心機。

談話時凝視對方，是意志力堅定的表現，往往不用過多言語和動作就顯得咄咄逼人。如果眼光眞的可以殺人，他們的凝視肯定可以成爲致命武器，因爲與這種目光接觸，難免使人有受到攻擊的恐慌。

其實，大多數人之所以凝視他人，只是爲了想看穿對方的性格而已，並無實際的攻擊意圖。

談話時喜歡和他人做目光接觸的人，表明既希望能夠深入了解對方，也希望對方了解自己。與別人目光接觸，無疑主動展示自己的內心。他們充滿了自信直爽，從不懷疑自己的動作會給他人帶來不愉快。

這類人多半做事專心，會儘量滿足大家的要求，希望做出好的成績讓大衆認可自己，接納自己。他們懂得禮貌在交際中的作用，能夠把握談話分寸，非常適合從事需要面對面進行直接交流的工作。

談話時動作誇張的人，哪怕只在陳述雞毛蒜皮的小事，也會跳上跳下，擾得周圍的人不得安寧。其實，他們的本性是好的，並非存心使要別人不舒服。之所以會有誇張的動作是因按捺不住熱情和好勝心，認爲光靠言語不足以表達心中熾熱的感情，所以必須加進一些誇張的動作，表達自己的眞實想法，並引起他人的注意。事實上，在他們的內心深處，通常存在著許多不安，無法確定自己的表達方式能否被別人認可和喜歡。

談話時坐立不安、手足無措的人，多半精力充沛，而且事業心很重。由於身邊的工作機會很多，爲了早日實現目標，不允許自己錯過任何機會，會積極投入在正進行的所有事情當中，忙完這個忙那個，結果疲於奔命，造成個人狀態極度緊張，無法專心致志於分內工作，得不償失。

這就是幾種常見的典型，加以了解，可以幫助你在短時間內看透身邊的每一個人，尤其是必須防範的小人。

解讀飲食習慣的秘密

不喜歡和他人一起進餐，樂於自己單獨一個人靜靜地吃的人，大多性格比較孤僻，有些自命清高和孤芳自賞。

只要生活在這個世界上，就一天也離不開食物，食物對於維繫生命的重要性無庸置疑。從一個人喜歡吃什麼東西，就可以觀察出他的性格特徵，同樣，透過一個人以什麼樣的方式吃東西，也可以觀察出他的性格特徵。

• 從飲食習慣看人的性格

將食物分割成若干小塊，然後一點一點慢慢吃，這樣的人多半比較傳統和保守，爲人處世小心謹慎，不會輕易得罪人，很多時候寧願充當好好先生，保

持中立。這類型的人缺少冒險精神，在事業上取得的成就不是很大。生來比較機智和圓滑，有自己的主張，不會輕易接受他人的建議，但又不會太過強烈地表達自我主張。

若是吃東西時很講究順序與規律，等菜全都送上桌以後，才坐下來慢慢吃，這樣的人思考多半相當縝密，總是花很多時間考慮一件事情，直到把前前後後都想清楚，並找出了適當的應對方法以後，才會動手去做。

至於老是挑食的人，身體可能不會很強壯，但頭腦和智慧仍舊不錯。他們習慣凡事先做好準備，害怕有意外的事情突然發生，遇到突發狀況，他們會感到措手不及，不知該如何是好。

飯量很小、吃一點就放下碗筷不吃了的人，多半傳統保守。他們的一舉一動都非常小心謹慎，總是不斷努力處理好自己與他人之間的關係。他們爲了避免風險，做事喜歡墨守成規，按照舊的方法完成。這類型的人行事穩妥有餘，但衝勁不足，所以不適合創業，只適合守成。

吃飯狼吞虎嚥、兩三下就吃完的人，大多有較旺盛的精力，性情坦率豪爽，待人眞誠、熱情，做事乾脆、果斷，自我意識比較強，有些時候甚至會自以爲是，聽不進他人的規勸。他們有很強的競爭心理和進取精神，絕不會輕而易舉地就向別人妥協或認輸。

吃東西的速度極慢，總是細嚼慢嚥的人，做事周密嚴謹，通常不會打沒把握的仗。生性比較挑剔，對人對己要求都比較嚴格，有時甚至達到苛刻、殘酷的程度。

吃東西不知道節制，看到喜歡的就一定要吃個夠的人，性格大多比較豪爽耿直，有很好的人際關係，具有一定的組織能力，周圍經常聚集著許多人。他們不會掩飾自己的情緒，喜怒哀樂往往全部寫在臉上，讓人一目了然。

不喜歡和他人一起進餐，樂於自己單獨一個人靜靜地吃的人，大多性格孤僻，有些自命清高和孤芳自賞。心智比較堅強，做事也很穩重，具有一定的責任心，而且言行一致。一般來說，他們的辦事能力能讓自己的上司、親人、朋友感到滿意。

對食物不挑剔的人，大多親切隨和，在各個方面都不拘小節，更不會爲一

點雞毛蒜皮的小事計較。這類型的人頭腦聰明，很有才華，而且精力旺盛，能夠同時應付好幾件事情，並做到遊刃有餘。

• 飲食口味與性格

美國行為心理學家最近透過大量的研究，證明了人的性格與飲食口味有著密切的聯繫。

喜歡吃米飯的人經常自我陶醉，孤芳自賞，對人對事處理得體，為人處事比較圓滑，但互助精神差。

喜歡吃麵食的人能說善道，但常不考慮後果及影響。他們的意志不堅定，過挫折容易喪失信心。

喜歡吃甜食的人大都熱情開朗、平易近人，但平時有些軟弱膽小，略嫌缺乏冒險精神。

喜歡吃酸味食品的人具強烈事業心，但性格孤僻，不善交際，遇事喜歡鑽牛角尖，不太有知心朋友。

喜歡吃辣味食品的人善於思考，遇事有主見，吃軟不吃硬，有時愛挑剔別人身上的小毛病。

喜歡吃鹹味食品的人待人接物多半穩重、有禮貌，做事有計劃，但比較容易輕忽人與人之間的感情，有點虛僞。

喜歡吃油炸食品的人勇於冒險，有開創一番事業的願望，但受到挫折時，很容易灰心喪氣。

喜歡吃清淡食品的人多半注重人際關係，希望廣交朋友，不願單打獨鬥。

• 從吃雞蛋的方式看性格

雞蛋含有的營養成分相當豐富，這是很多人喜歡它的原因之一。除了能夠補充人體所需的各種養分外，其實還可以藉由觀察一個人如何吃雞蛋，分析他的性格與爲人處事態度。

喜歡吃炒蛋的人多善於交際，能與其他人和睦相處。他們不拘於小節，對人對事能持寬容的態度。不喜歡張揚，也不太希望引起他人注意，但對他人的

態度相當敏感，別人對自己好一分，會回報十分，可是如果別人對自己惡一分，可能也會回敬別人十分。

把蛋煮得過熟，喜歡吃很硬的雞蛋的人，一般把自己隱藏保護得很好，使他人不容易親近、了解。要想認識這類型的人，需要花費較多的時間和精力。這類型的人在外表上給人的感覺很冷酷，了解他們以後更會發現，他們的內心也同樣堅硬，不會隨便就被感動。這類人見過的世面很廣，但或許正是見得太多，遭遇得太多，導致心中缺乏溫情！

喜歡吃煮得半生不熟的蛋的人，雖然在外表上看起來很固執，事實上內心脆弱，易向別人妥協。他們的性情熱情又溫柔，即便只是一點小小事情，可能也會感動不已。

喜歡法式煎蛋捲的人，多是開朗又神秘的人物，外表也許有些嚴肅和呆板，但內心卻與外表存在著很大的差距。他們總是能夠隱藏一些秘密，吸引別人來探個究竟。

喜歡吃單面煎雞蛋的人，性格多半相當樂觀，充滿了積極向上的精神，對未來有著無限嚮往，並且抱很大的信心，相信自己能夠開創出一番事業，同時努力並腳踏實地做好每件事情。

喜歡吃兩面煎蛋的人，也是一個積極樂觀的人，但是他們在爲人處世方面相對地謹愼小心許多，不會不加分析和思考就莽莽撞撞地行動。正是由於這一點，他們避免了許多麻煩，多能夠有計劃地安排自己的生活。

喜歡吃荷包蛋的人多謙恭有禮，行事不招搖，行爲舉止也很恰當得體，卻經常被麻煩纏身。

喜歡吃蛋白牛奶酥（把蛋白打散，然後烤得鬆軟膨脹，蛋黃則棄置不用）的人，多有比較體面的外表，很能吸引他人的目光。但是進一步接觸後就會逐漸發現，其實內在並不那麼美好。

透過小小一顆蛋，就可以印證人的多種性格，實在是相當有趣的事情。

從飲酒愛好看個性

根據美國知名大學社會調查研究所的調查，喝啤酒意在表現輕鬆愉快的心情，渴望從苦悶的環境中獲得解放。

飲酒是社交場合中最常見的應酬方式，也是溝通意見、聯絡感情以及解決問題的好方式。藉由飲酒可以了解對方的性格，作爲掌握及理解對方心態的參考。酒酣耳熱，多半也是解決問題的較好時機。

根據美國心理學家的研究，喜好狂飲者通常具有渴望改變自我的願望。這些人之所以豪飲，是期望使自己的性格改變爲理想中的模式。換言之，他們會不停地喝酒，直到覺得變成滿意的性格爲止。這種人並非因好酒而飲酒，乃是渴望改變自我的心理因素在作祟。

狂飲者如果發現能夠使心理缺憾獲得最大滿足的酒，則會特別偏愛。他們其實不在意各種酒在口感上的差別，喜好多半是受心理的影響。

雖然酒的種類和性格的關係，尚無充分的調查或研究，但仍可以做出以下的大致分析：

• 喜歡喝威士忌的人

這種人適應力強，能充分採納旁人的意見。出人頭地的慾望非常強，只要有機會，即渴望賺大錢或得到上司的認可。對待女性非常重視禮儀，並且態度親切，多半會明確地表達自己的心意。

此外，威士忌的飲用法有以下的差別：

喜歡喝稀釋威士忌的人，是最普通的男性性格，渴望能充分把自己的觀念傳達給對方，適應力非常強。

喜歡加冰塊喝的人，無法確切地用詞語或表情傳達自己的心意。他們會仔

細觀察周圍的情況，容易被他人的意見左右，但是在公司裡往往能平步青雲，平常則會掩飾自己的感情。

喜歡喝純威士忌的人具男子氣概，冒險心強，討厭受形式束縛，對威權具有反抗性。他們富有創造力、獨創性又具正義感。外表上對女性表示冷淡的態度，內心卻相當溫柔。

‧喜歡喝白酒的人

有些人偏愛烈性白酒，喜愛白酒的人一般喜歡社交活動，又樂善好施，性格中有好好先生的一面，極在意對方的感受，易受吹捧，受人所託無法拒絕，對女性尤其親切。

他們在公司或職場中由於相當關照部屬而深受愛戴，但卻很難獲得上司的認可。在混亂的局面中可發揮卓越的能力。爲了得到認同，願爲對他能力有極大期待的人奉獻心力。

• 喜歡喝洋酒的人

最近年輕男子中，喜歡喝洋酒的人越來越多，商店到處都有洋酒陳列。用餐或約會中必喝洋酒的男性通常極具個性。這類男性多數追求豪華的生活，崇尚新潮喜愛從事引人注目的工作，在服飾等方面也較挑剔。

• 喜歡喝雞尾酒的人

喜好帶點甜味的雞尾酒者很少有豪飲型，與其說他們是在喝雞尾酒，不如說是在享受氣氛，或渴望與異性對談。

但是，如果喜好辣味而非調味的雞尾酒（如馬丁尼酒），則是具有男性氣概的表現，能在工作上充分發揮自己的個性與才能，值得信賴。這樣的人同時具有責任感，舉止行爲有分寸。

喜好喝甘甜雞尾酒者，多半是不太喜愛酒精的男性，或渴望邀約女性共享飲酒的氣氛，或期待借酒精緩和對方的情緒。

如果向女性勸喝酒精濃度高或較爲特殊的雞尾酒，則是期待利用酒精使女

性無法做冷靜的判斷。在跳舞前勸女方喝雞尾酒的男性，通常可解釋爲希望和該名女性有更深一層的交往。

・喜歡喝啤酒的人

根據美國知名大學社會調查研究所的調查，喝啤酒意在表現輕鬆愉快的心情，渴望從苦悶的環境中獲得解放。

約會時喝啤酒的男性，通常想要表現最原始、最自然的自己。

如果向同行的女性勸喝啤酒，則是渴望對方和自己有同樣的心情，或內心期待愉快的交談，無須矯揉做作。

選購外國啤酒的人性格上和喜好洋酒者類似。至於特別喜好德國啤酒的男性，只是想向女性標榜自己異於一般男性。喜好黑啤酒的男性，則通常對強壯的體魄嚮往不已。

日後若有飲酒的機會，不妨多觀察一下他人的選擇，相信會有收穫。

觀察抽煙習慣，識人一點都不難

掛慮丟棄在煙灰缸裡的煙蒂，甚至用水澆熄的人，通常較神經質，因為過於在意他人的目光而終日小心翼翼。

像飲食習慣一般，癮君子的抽煙習慣也會受性格影響只要仔細觀察抽煙之時的慣性動作，就可以大致讀懂一個一。

毫不在意煙灰過長的人：開會中或工作中，不少人會忘了彈掉煙灰，這時通常代表他正在思考。如果平常都是這樣抽煙，則多半屬於對自己失去信心、身體狀況不佳、感到自卑的人。

啃咬煙嘴的人：這種人被稱為自虐型的人，當公司發生問題時，很容易把一切責任歸罪在自己身上。雖然有一定辦事能力，卻常操之過急，這項缺點足以阻礙個人的發展。

濾嘴濕潤的人：大多表現出情緒起伏不定、易熱易冷的性格。往往會因感情問題與人產生糾紛，造成工作上最大的阻礙。

嘴上叼著煙工作的人：一種對自己的工作帶有自信或忙碌的象徵，常見於記者或律師身上。當這類人的能力沒有受到旁人認可時，他們會強烈反抗或意志消沉，工作的失敗與成功呈兩極化。

抽煙抽到接近濾嘴的人：這種人的猜疑心很強，是極少暴露眞心的孤獨者。他們處理金錢雖不至吝嗇，卻容易遭受誤解。這類人辦事時，由於從思考到實踐有一段頗長的距離，因而常錯失良機。

急速吸煙的人：這種人比較性急、易怒，對人的好惡明顯。他們若有機會嘗試各式各樣的工作，會比只做同一件工作更能獲得成功。

略揚起頭以嘴角抽煙的人：這類人對自己的工作具有信心，可能成爲某項專業的專家。不過，處事時常過於勉強又自視過高，通常與同事格格不入。幸而即使遇到糾紛或失敗，也具有突破難關的衝勁，將來大有發展。

抽煙時伸直拇指頂住下巴的人：具有強烈的陽剛氣，個性不服輸。對於工作上的競爭相當有熱情，並且對困難的工作具有挑戰心。由於前途有望，通常能成爲高層管理人員。

喜歡抿著下唇抽煙的人：這種人的性格穩定，並有很強的適應性。做事不會引人注目，雖非轟轟烈烈卻很少失敗，能按部就班地努力前進而獲得成功。這類人初進公司一、兩年內，很少有發揮自我才能的機會，通常得到三、四年後才會漸漸受到上司信賴。不過，有些欠缺工作積極性。

用從鼻孔或嘴角兩端吐煙的人：這類人對工作的熱情起伏不定，身體狀況也不太穩定。喜好能一決勝負的事物，但做任何事都無法順遂己意，常因慾求不滿而煩惱不已。

根據法國心理學家貝爾傑先生的研究，熄香煙的方式也同樣會反應一個人的心理狀態，值得加以留意。

把仍然冒煙的煙蒂丟在煙灰缸裡的人，多半以自我爲本位，性格懶散，不能完成他人託付的事，對金錢也毫無概念。

當這種人眞實表現自我感情時，容易受人排斥，更是經常遺忘東西、遺失物品的疏忽型。

按壓煙頭熄煙，是人顯示慾求不滿的動作之一。這類人體力充沛，但因無法適當處理慾望而感到焦慮。他們工作之時積極上進，討厭半途而廢，所以可受到上司的信賴。

輕輕敲打熄煙的人，處事非常愼重，很注意自己的言行舉止，對人態度也較溫和。不過，這類人的缺點是不能完全表達自己的意見，而且有時會舉棋不定、優柔寡斷。

掛慮丟棄在煙灰缸裡的煙蒂，甚至用水澆熄的人，通常較神經質，因爲過於在意他人的目光而終日小心翼翼。如果遇到夫妻爭吵或是不愉快的事情，就會被破壞一整天的情緒。

用腳踩熄煙蒂的人，多半具攻擊性格，不服輸，有性虐待狂的傾向，喜愛諷刺他人。經常感到不滿，非常注意他人的過失。

觀察刷牙的方法

每日刷牙超過三次的人，多半長期缺乏安全感，所以就連最簡單的工作，也要一而再、再而三地檢查。

無論好人壞人、君子小人，都不會在臉上寫著字，明白昭告天下，想要透徹了解一個人，就算只是刷牙這樣的小動作，都要細心留意。

一個人刷牙的模樣和方式，通常是由父母教導的。因此，在刷牙時所做出的許多無意識動作，正反應出父母傳授的態度。

• 上下刷牙的人

表示這個人有很好的自我形象，而且仍保有幼年時代學到的許多積極的價値觀和道德觀。

事實上，他和父母之間良好的關係，常成爲在工作上獲得成功的主因。他擅長以一種非常不受限制的樂觀態度從事例行工作，在旁人眼裡，是一位可以信賴、友善、快活的人，沒有什麼心機。

・左右刷牙的人

這種人多半早就知道這樣刷是錯誤的，但那爲什麼還要繼續使用呢？可能是因爲在成長過程中，曾和父母親有過嚴重的衝突。換句話說，長大後仍採用這種刷牙方式的人，目前仍處在叛逆期，總是和別人唱反調，別人也都知道他喜歡爭辯，尤其對於一些雞毛蒜皮的瑣事。

・每日刷牙超過三次的人

坦白說，這種行爲已接近強迫症的徵兆，因爲長期缺乏安全感，所以就連最簡單的工作，也要一而再、再而三地檢查。

每次外出赴約前，可能花上三個小時梳妝打扮後，仍舊認爲自己不夠好看。同一件事情，會一次又一次地請求別人幫自己出主意，使身旁的友人不勝其擾，大呼受不了。

• 使用硬毛牙刷的人

使用一支會使人牙齦出血的牙刷，透露出此人有一種需要接受懲罰的心理需求。他基本上相信，若想擁有某項事物，都必須付出痛苦和犧牲才能得到。

• 用太多牙膏的人

「浪費」是他存在的主要目的。由於心中存著強烈的不安全感，因而有捨棄一切的傾向，而且，所謂的「足夠」根本永遠不夠。他極度揮霍，爲的是讓自己體會到幸福的感受，所過的生活遠超過自己財力所能負擔的限度。

• 用太少牙膏的人

這種人很節儉，尋找廉價、特價商品是他畢生最大的興趣。他討厭丟掉任何東西，所以寧可在褲子上貼補丁、補鞋跟、重新整修傢俱，把所有東西都做最有效益的使用。

・從牙膏管中間擠牙膏的人

只關心眼前，不重視未來，是個及時行樂的人。他沒有銀行帳戶，手上可能只有一些現金、債券或其他長期投資。

在性愛方面，只求即刻的滿足，忽略於經營長久的關係。

・用到牙膏管都捲起的人

總是緊緊把握生命中的一點一滴，不單是牙膏而已。這是個吹毛求疵的人，而且總是一本正經，規規矩矩。他習慣把盤中最後一口食物吃完，不浪費任何一丁點，即使剩下，也會用塑膠袋保存好。他製造的垃圾很少，因爲只要想到要丟東西，就足以惶恐不安，相信浪費是最大的罪惡。

要推銷東西，

在注重自我行銷的商業社會裡
說話已經成為專門藝術，
說話的能力決定一個人做成多少生意。

THE ART OF COMMUNICATION

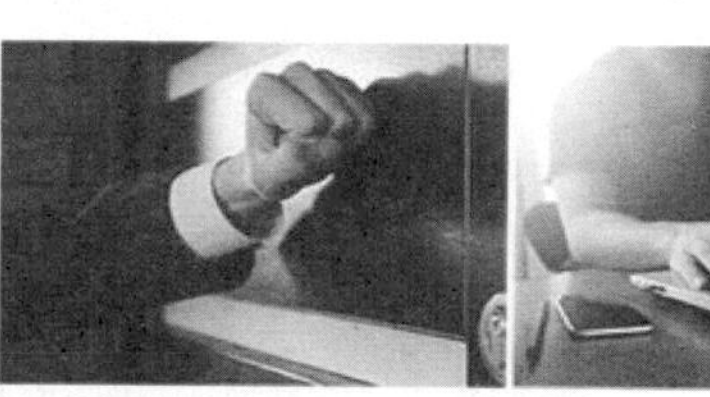

先推銷你自己

說話能力
決定你能做成多少生意

的確，具有良好的口才，表達能力強又彬彬有禮的人，
必然是商場上的常勝軍。
如果你想成功地推銷東西，就必須先學會推銷自己，
掌握好銷售時的應對藝術，鍛鍊自己的說話能力。

普 天 之 下 • 盡 是 好 書

http://www.popu.com.tw/

溝通大師

49

你不能不知道的行為心理學

作　　者　陶　然
社　　長　陳維都
藝術總監　黃聖文
編輯總監　王　凌
出 版 者　普天出版家族有限公司
新北市汐止區康寧街 169 巷 25 號 6 樓
TEL / (02) 26921935 (代表號)
FAX / (02) 26959332
E-mail：popular.press@msa.hinet.net
http://www.popu.com.tw/
郵政劃撥 19091443 陳維都帳戶
總 經 銷　旭昇圖書有限公司
新北市中和區中山路二段 352 號 2F
TEL / (02) 22451480 (代表號)
FAX / (02) 22451479
E-mail：s1686688@ms31.hinet.net
法律顧問　西華律師事務所・黃憲男律師
電腦排版　巨新電腦排版有限公司
印製裝訂　久裕印刷事業有限公司
出 版 日　2019 (民 108) 年 6 月第 1 版
ISBN◉978-986-389-621-0　條碼 9789863896210

國家圖書館出版品預行編目資料

你不能不知道的行為心理學 /
陶然著.—第 1 版.—：新北市,普天出版
民 108.6 面； 公分. -（溝通大師；49）
ISBN◉978-986-389-621-0（平裝）